चीन डायरी

ऋतुराज

राजपाल

स्थापित 1912
100 वर्षों की
श्रेष्ठ प्रकाशन परम्परा
राजपाल

ISBN : 9789386534545
प्रथम संस्करण : 2018
CHEEN DIARY (Diary) by Rituraj
मुद्रक : रेप्रो नॉलेज कास्ट लिमिटेड, ठाणे

राजपाल एण्ड सन्ज़
1590, मदरसा रोड, कश्मीरी गेट, दिल्ली-110006
फोन : 011-23869812, 23865483, 23867791
e-mail : sales@rajpalpublishing.com
www.rajpalpublishing.com
www.facebook.com/rajpalandsons

समर्पण

प्रो. छन चुंग रुंग
प्रो. छन ली सिंग
प्रो. सुन पाओ कांग
प्रो. कु स्याओ फंग
प्रो. हान छाओ च्वीन
सुन कुए ईन
ल्यू हुवे
लो फू ईन
ह्वांग सन
चाओ वी हुवा
हाओ सू मिन
मू सिआओ लीन
यांग ई फंग
छन श्यूए पीन

आप सभी साथियों की सहृदय मित्रता को भारत का एक कवि इस निमित्त याद करता है।

—ऋतुराज

भूमिका

यह आकस्मिक नहीं है कि कथेतर विधाओं में हिन्दी पाठकों की दिलचस्पी बढ़ती गई है। यथार्थ को प्रस्तुत करने के पारम्परिक और रूढ़ हो चले दायरों से अलहदा कथेतर विधाओं में ताज़गी, अनौपचारिकता और हार्दिकता है, जिससे यथार्थ को और नज़दीक से अनुभव करना सम्भव हो जाता है। यात्रा आख्यानों, संस्मरणों और रिपोर्ताजों के साथ डायरी ऐसी ही विधा है जो पाठक को निजी संसार में प्रवेश करने का अवसर देती है। अकृत्रिम और सम्भावनाओं से भरे इस संसार की एक बानगी कविवर ऋतुराज की *चीन डायरी* है। यह डायरी उन्होंने 1993–94 में लिखी थी। बदल रहे और विकास की गति में आगे निकल रहे हमारे इस पुराने पड़ौसी को एक कवि की आँख से देखना प्रीतिकर है। उनकी निगाह चीन के जन–जीवन के उन कोनों, अंतरों में जाती है जहाँ बड़े मीडिया की तेज़ नज़र नहीं जा पाती। इस जीवन के राग–विराग और हर्ष–विषाद को भी ऋतुराज अंकित करते जाते हैं। यह डायरी कवि के अपने संसार की हलचल भी दर्ज करती है, हालाँकि यह दैनंदिन रोज़नामचा नहीं है।

परदेस में जब–तब घर और अपने परिवार की याद आ जाना स्वाभाविक है। स्मृति के उन क्षणों को कवि की डायरी जिस तरह दर्ज करती गई है वह निश्चय ही मर्म से भरा हुआ और हृदयस्पर्शी है—"बाल बिखेरे एक माँ"—तू फू ने उसके बेटे की याद में एक कविता लिखी थी। आज अनुवाद किया... 'मस्त टट्टू जैसा उछलता, कूदता, किलकारी भरता एक बेटा।' बरबस बाशा की याद आ गयी, आँखें डबडबाने लगीं। क्या केवल वर्तमान में ही जीना इतना आसान होता है? एक और जगह उन्होंने लिखा है—'जब कभी बाज़ार में टॉफ़ियाँ, फल, खाने–पीने का सामान खरीदता हूँ तो बाशा की याद आ जाती है। कपड़े देखता हूँ तो बाशा का नाप सोचने लग जाता हूँ। नये जूते लिये तो सोचा—यह मेरा पाँव नहीं है बाशा का पाँव है। कितने अच्छे लगेंगे ये जूते उसके पाँवों में।' निजी होते हुए उदात्त हो जाना किसी कवि के लिए ही सम्भव है। ऋतुराज की यह डायरी उन दुर्लभ क्षणों को देखने का अवसर देती है।

तेज़ी से बदल रहे चीन में कवि जो देखता है, अंकित करता गया है लेकिन

एक जगह अब तक न देखे गए की सूची को पढ़ना अत्यंत रोचक है। ऋतुराज ने बताया कि क्या नहीं देखा, इस न देखे में से कुछ को देखना बहुत आकर्षक और शिक्षाप्रद है—"कहीं भी पेइचिंग में पालतू या आवारा पशु नहीं देखे। हाँ, पकाने के लिये सुपरमार्केट में जीवित मछलियाँ, साँप, मुर्गे वगैरह ज़रूर देखे हैं। बहुत कम उम्र के लड़के-लड़कियों को कहीं भी काम करते नहीं देखा। होटलों, दुकानों पर युवा लड़के-लड़कियाँ ही काम करते हैं। टैक्सियों, बसों, मिनी बसों में आमतौर पर लड़कियाँ ही कन्डक्टर होती हैं। किसी भी गाड़ी/वाहन के साइलेंसर से धुआँ निकलते नहीं देखा। सड़कों के दोनों ओर अनेक प्रकार के फूल खिले हैं पर किसी को भी फूल तोड़ते नहीं देखा। चीन में भिखारी नाम मात्र के हैं, केवल वे हैं जो अपंग हैं। मैंने अभी तक केवल दो भिखारी फ़्लाईओवर के रास्ते में बैठे देखे हैं और किसी को शराब पीकर ऊधम मचाते नहीं देखा।" इसी तरह किसी समाज की सही स्थिति को जानने के लिए वहाँ की स्त्रियों की स्थिति को देखना हमेशा सही है। ऋतुराज ने लिखा है—'चीन की लड़कियाँ महान हैं, पूजनीय हैं। उन्होंने प्रकृति-प्रदत्त लिंगभेद को बहुत हद तक समाप्त कर दिया है। वे भारी से भारी मशीनें चलाती दिखायी देंगी।

संस्कृत से आई उक्ति हमें परम्परा में मिली है—'गद्यं कवीनां निकषं वदंति,' अर्थात् गद्य को कवियों की कसौटी कहा गया है। ऋतुराज की इस डायरी को सुन्दर, सहज और प्रांजल गद्य के लिए भी पढ़ा जाना चाहिए। ऐसा गद्य जो हँसता हुआ है, जिसमें ज़माने की चिंताएँ तो हैं लेकिन जो खुद किन्हीं चिंताओं के बोझ से निष्प्राण नहीं हो गया है। यहाँ कवि द्वारा महान चीनी कवियों की कुछ कविताओं के अनुवाद आए हैं तो चीन के सम्बन्ध में और भी अनेक प्रसंग हैं। देशाटन और तीर्थाटन से भिन्न यह देश का दर्शन है जहाँ कवि की सजग निगाहें हैं तो बेचैन मन भी। पुरानी बातों का सम्बल उन्हें प्रेरित कर रहा है तो आगे के लिए एक सपना अभी उनकी आँखों में बचा हुआ है। उन्होंने ठीक ही तो कहा है—"एक दिन सुन पाओ कांग के साथ नदी किनारे मछलियाँ पकड़ने जाऊंगा। खाना-पीना होगा, वे मछलियाँ पकड़ेंगे और मैं कविता करूँगा...।"

—पल्लव
प्राध्यापक हिन्दी विभाग
हिन्दू कॉलेज, दिल्ली विश्वविद्यालय

क्रम

चीन डायरी

वर्ष 1993 — 9

वर्ष 1994 — 75

कुछ अनूदित चीनी कविताएँ — 84

कुछ आलेख — 104

चीन डायरी

1993

15 अप्रैल

आज मैंने तय किया कि मैं बदलते हुए चीन का साक्षी बनूँगा।

पीकिंग विश्वविद्यालय की झील के किनारे एक बूढ़ा आइसक्रीम बेच रहा है। यहाँ भी सेलिक्स बेबीलोनिया (विलो/बेंत) के वृक्ष पानी को छूने की कोशिश करते हुए झालरों की शक्ल में लटके हैं। हाएतियान जाती गली बिलकुल साफ़ है। सब जगह मानवीय ऊष्मा और गतिशीलता का स्पन्दन है। फुटपाथी बाज़ार खचाखच भरा हुआ है। यह मुझे चाँदनी चौक की याद दिलाता है। यहाँ माइक्रोफ़ोन पर मिनी बस के ड्राइवर सवारियों के लिये चिल्ला रहे हैं, तो छोटे-मोटे फेरीवाले भी शोर मचाने में कम नहीं हैं। लड़कियों के हॉस्टल में लड़कों का बेरोकटोक आना-जाना है। यहाँ तक कि साथ-साथ भी रह रहे हैं। बहुत बड़े डिपार्टमेंटल स्टोर हैं जहाँ सब कुछ मिलता है। माँस की वही तीखी गंध सर्वत्र है, व्यंजनों की अपरिमित विविधता...कुत्ते-बिल्ली पके-पकाए...। एक दुमंज़िला इमारत में हाएतियान का बुक-सिटी अवस्थित है। चीन के सब प्रकार के प्रकाशकों के लिये एक शांत पवित्र व्यवस्थित बाज़ार। अधिकांश पुस्तकें चीनी भाषा में हैं। मेरा बेटा भी, काश, यहाँ पढ़ता होता, अपनी मनपसंद साथिन के साथ। इस तरह ट्यूलिप और चेरी-ब्लॉसम के बीच हाथ में हाथ पकड़े।...बंसी डाले घंटों बैठा रहता झील के किनारे चट्टान पर। तब शायद मैं उससे कहता, ''प्रेम में तैरना मगर डूबना नहीं, जैसे कि ये चीनी युवा-युवतियाँ प्रेम को जीवन का सबसे स्वस्थ अंग मानकर चलते हैं।''

19 अप्रैल

चीनी मित्रों का व्यवहार सदैव एकसमान नहीं होता। प्रो. छन चुंग रुंग कई देशों का दौरा करके लौटे हैं। भारतीय दूतावास में अत्यन्त आत्मीयता से मिला करते थे। लेकिन आज बोले भी नहीं। न मेरा हालचाल पूछा। अपने चीनी सहयोगियों से बात करते रहे।

विभाग का हर कर्मचारी, भले ही निदेशक के पद पर हो, सुबह दफ़्तर पहुँचते ही झाड़न लेकर सफ़ाई करता नज़र आयेगा। यहाँ कोई छोटा-बड़ा नहीं है। मेरी मेज़, कुर्सी श्रीमती सुन ईन साफ़ करती हैं। श्री वांग चिन फंग मॉप से फ़र्श साफ़ करते दिखायी देंगे। न कोई चतुर्थ श्रेणी कर्मचारी है, न घंटी, अपनी पानी की बोतल खुद लाओ, अपनी ज़रूरतें खुद पूरी करो और काम में लग जाओ।

न जाने क्यों पोलिश विशेषज्ञ चीन के साथ-साथ भारत का भी मज़ाक उड़ाती हैं। कहती हैं, "भारत चीन की माँ है, यानी बौद्ध धर्म की जननी के रूप में, लेकिन क्या माँ होना ही काफ़ी है? गरीब और विक्षिप्त-सी माँ से कौन प्यार करेगा?"

20 अप्रैल

प्रो. सुन पाओ कांग बड़े मच्छीमार निकले। उनका घर नदी यूछहख़्ह के पास है। उनके पास कोई एक दर्जन फ़िशिंग रॉड होंगी।

आजकल चीन के वेतनभोगी वर्ग की एकमात्र चिंता है कि किस तरह दिनभर सरकारी नौकरी करके अतिरिक्त समय में अपनी आय बढ़ाएँ। इसके लिए व्यापार करते हैं तो समय चाहिए। प्रो. सुन पाओ पूछते हैं, "क्या ऐसा करने से कार्यक्षमता पर असर नहीं पड़ेगा?" वे साठ वर्ष से ऊपर के होंगे और उन्हें अपने 'श्वेनशंग शोध संस्थान' का काम सँभालना है। साथ ही, हिन्दी-चीनी शिक्षण की एक पुस्तक भी तैयार करनी है।

आज श्रीमती सुनईंग ने मेरे स्वास्थ्य के प्रति गहरी चिंता व्यक्त की। एक बड़ी बहन जिस तरह अपने लापरवाह भाई के प्रति चिंतित रहती है।

प्रो. सुन पाओ कांग 'कुंजीभूत' शब्द न जाने कितने सालों से इस्तेमाल

करते आ रहे हैं। कोश टटोला तो हार मान ली।

श्री वांग चिन फंग को मैंने 'फ्रेंड, फ़िलॉसफर और गाइड' कहा तो वे बहुत खुश हुए। बोले, ''मैं हमेशा आपके प्रति वफ़ादार रहूँगा।''

...कल्पना जी, तुम्हारी रसोई से अब मेरी रसोई कहीं ज़्यादा अच्छी है।

21 अप्रैल

'बाल बिखेरे एक माँ'—तू फू ने अपने बेटे की याद में एक कविता लिखी थी। आज अनुवाद किया...मस्त टट्टू जैसा उछलता, कूदता, किलकारी भरता एक बेटा। बरबस बाशा की याद आ गयी, आँखें डबडबाने लगीं। क्या केवल वर्तमान में ही जीना इतना आसान होता है?

...लोगों का व्यवहार बदलता रहता है। मिसाल के तौर पर नेपाल के प्रो. डहाल। आज बस में मेरे पास की सीट खाली होते हुए भी मुझसे दूर बैठे। उनमें यूरोपियनों को प्रभावित करने की चतुराई है। विकासशील और पिछड़े देशों के लोगों की यह हीनता-ग्रंथि यदा-कदा प्रकट होती रहती है। पीकिंग विश्वविद्यालय की पानी की टंकी जैसा ओक का विशाल वृक्ष, गोलाकार छत्र वाला, दूर से ही दिखायी देता है। सब तरफ़ चिनार ही चिनार पीपल जैसे ऊँचे हरे...चारों तरफ़ समृद्ध, उदारमना, आच्छादित करती प्रकृति।

तुमने मुझे हमारे परिवार की आवाज़ों का कोई कैसेट भर कर नहीं दिया...जवा, पारमिता का पूरिया, सोहनी या यमन...यहाँ चिरपरिचित स्वरों को सुनने के लिये तरसता हूँ।

एक दिन प्रो. सुन पाओ के साथ नदी किनारे मछलियाँ पकड़ने जाऊँगा। खाना-पीना होगा, वे मछलियाँ पकड़ेंगे और मैं कविता करूँगा...।

अरे मेरे देश, तेरे नापित बंधु कितने सस्ते हैं जो केवल सात रुपयों में काट-छाँट, उस्तरेबाज़ी, मालिश, कंघी, मूँछ कटाई इत्यादि को अंजाम देते हैं। आज चीन में पहली हजामत हुई मात्र दस यूएन में। न मैं नाई बाई की बात समझा और न वह मेरी बात। कुछ देर बाद मैंने खुद को उसके हवाले छोड़ दिया। भारतीय और चीनी केश-सज्जा की शैलियों में ज़मीन-आसमान का अंतर है। चीनी शैली में सबसे पहले शैम्पू, फिर एक हाथ की अँगुलियों में बाल फँसा कर कटाई, गुद्दी पर मशीन, कैंची का मोटा-मोटा प्रयोग, क़लम पर

उस्तरे के बजाय छोटे रेज़र का इस्तेमाल, फिर कैंची से तिरछी कटाई—इस प्रकार की चीनी हजामत में भारत की तरह अधिक समय नहीं लगता। ब्लोअर और कंघे की मदद से बालों को लहरदार बनाया जाता है। नाई बाई की दुकान पर न जाने यहाँ किसी सुपरबाज़ार की तरह कितने प्रकार के प्रसाधन थे। कपड़ों पर बाल बिलकुल नहीं गिरे और ब्लोअर के बाद नहाने की ज़रूरत ही नहीं रही। ऐ मेरे देश के नापित सखा, तुममें सेवा-भाव भरपूर है पर कलाकारी तुम्हारे चीनी मित्र से कम।

23 अप्रैल

चीन में काम आदमी को ढूँढता है, आदमी काम को नहीं। महिलाएँ पुरुषों को सहजता से तलाक दे सकती हैं। विवाह में कोई दहेज़ नहीं लेना-देना है। हाँ, लड़के वाले को ही कभी-कभी अधिक खर्च उठाना पड़ सकता है। चीन की विकास दर बारह प्रतिशत हो गयी है, जबकि भारत की मौजूदा दर है ढाई प्रतिशत। आजकल जनसंख्या दर को नियंत्रण में रखने में कुछ कठिनाई हो रही है। शायद इसीलिए विवाह की न्यूनतम आयु बाइस वर्ष तय की गयी है।

आज जेरिचा (यूगोस्लाव विशेषज्ञ) ने कहा, ''राजनीतिज्ञ मूर्ख होते हैं। मैं उनसे नफ़रत करती हूँ। येल्तसिन महामूर्ख है, क्योंकि वह हर किसी को चूमना चाहता है। किलिंटन भी कम मूर्ख नहीं है। वह हर किसी को देखकर मुस्कराता रहता है।'' प्रो. डहाल का कहना था कि ''अगर राजनीतिज्ञ इस दुनिया में नहीं होते तो चीन का अन्तरराष्ट्रीय रेडियो विभाग भी नहीं होता और न कोई सरकारी तंत्र होता व्यवस्था बनाये रखने के लिए। राजनीतिज्ञ एक अपरिहार्य बुराई हैं।

...पेइचिंग में जेब कटते देर नहीं लगती। जेरिचा की तीन बार जेब कट चुकी है। तीनों ही बार वह उसके वेतन का दिन था। पर यह बात केवल विदेशी लोग ही कहते हैं। चीनी बंधु इस पर कतई यकीन नहीं करते।

24 अप्रैल

मक्खी से शुरू करता हूँ...यहाँ यह जीव कहीं नज़र नहीं आया। हाँ, मच्छर ज़रूर हैं इक्का-दुक्का। वे भारतीय मच्छरों की तरह गाना नहीं सुनाते हैं। एक

सुन्दर-सी शीशी में बाल्सम का तेल मिलता है, दावा है कि इसकी खुशबू से मच्छर नहीं काटेंगे।

यहाँ सिटी बस सिंगल नहीं होती, बल्कि दो बसें जुड़ी रहती हैं। दो महिला कन्डक्टर अलग-अलग दरवाज़ों के पास पेटी के पीछे होती हैं, जिनके पास दरवाज़े खोलने, बंद करने का स्विच होता है। माइक्रोफ़ोन से जुड़े टेप से सूचना दी जाती है कि कौन-सा बस-स्टॉप है। ये महिला कन्डक्टर भारतीय कन्डक्टरों की तरह अपनी सीट से उठकर बस में चक्कर नहीं लगाती हैं। टिकट के लिए दरवाज़े पर ही ऑटोमैटिक मशीन लगी होती है। कुछ बसें ट्रामों की तरह बिजली से चलती हैं। महिला बस ड्राइवर बड़ी मुस्तैदी से दो बसों से जुड़ी एक सिटी बस को चलाती है। किराया बहुत कम है—एक माओ में पन्द्रह-बीस कि.मी.। दस माओ का एक यूएन होता है। निजी मिनी बसों के ड्राइवर-कन्डक्टरों के पास भी माइक्रोफ़ोन होता है। ड्राइवर, जिनके साथ कन्डक्टर नहीं होता, कभी-कभी एक हाथ से बस चलाते हुए माइक्रोफ़ोन पर सवारी बुलाते नज़र आते हैं। लेकिन आमतौर पर कन्डक्टर लड़की हर मिनी बस में बड़ी फुर्ती से सवारियों की सेवा को तत्पर रहती है और हर स्टॉप पर सवारियों के लिये आवाज़ लगाती है।

जब चाहे उत्तर साइबेरिया से ठंडी तीखी हवाएँ चलनी शुरू हो जाती हैं और तापमान दो डिग्री से भी कम हो जाता है। वसंत तो है, अभी-अभी आया है, पर मदमत्त जंगली हाथी पर सवार होकर। गुलदाउदी, सालविया, पॉपी, चीनी गुलाब...सब अपने उरूज़ पर हैं। इनके ऊपर अभी तो कोई ख़ास असर नहीं है। धूप सुहानी नरम है, लेकिन मौसम बदलते देर नहीं लगती। कमरे से निकलने से पहले फ़ोन पर मौसम के बारे में पूछना पड़ता है। अलूचे के फूल खिल चुके हैं। गुलाबों से सराबोर हो जायेंगी सड़कें। ग़मलों में फूल सजने शुरू हो गये हैं। कल तक जहाँ क्यारियाँ खाली पड़ी थीं, उनमें ग़मले रख दिये गये हैं।

यहाँ एक आवश्यक प्रथा है : किसी चीनी परिवार के यहाँ जाते समय कुछ-न-कुछ अवश्य ले जाना होता है। खाली हाथ नहीं जाना है। एक और प्रथा है : यात्रा के बाद लौटने पर अपने साथियों के लिये उपहारस्वरूप कुछ-न-कुछ खाने-पीने की चीज़ें वितरित की जाती हैं। आज चू इंग (चीनी

ख़बरों की नन्ही सम्पादिका) जब शांघाई से लौट कर आयी तो उसने रेडियो विभाग के सभी साथियों में टॉफ़ियाँ, स्नैक्स आदि बाँटे।

...श्रीमती ल्यू ह्वे मेरी पहली यात्रा के लिये गाइड बनेंगी। वे बेहद विनम्र और संवेदनशील महिला हैं। जसदेव सिंह के साथ एशियाड में गाइड रही हैं। जसदेव सिंह उनके अत्यन्त आत्मीय प्रशंसक हैं।

25 अप्रैल

आज पेइचिंग के सब-वे मेट्रो की सैर की। सीतान के विशाल बाज़ार तक ट्रेन से यात्रा...सब-वे के स्टेशन बेहद साफ़-सुथरे और ग्रेनाइट की टाइलों से चमचमा रहे थे। बहुत आरामदायक सफ़र रहा। केवल गाँवों से आये लोग ही दरवाज़ा खुलने पर धक्का-मुक्की करते हुए ट्रेन में चढ़ते हैं, वरना सब कुछ पूरी तरह अनुशासित और शांत है। माइक्रोफ़ोन से हर डिब्बे में गंतव्य आने की सूचना दी जाती है। आज पता चला कि पेइचिंग की सड़कों पर इतनी भीड़ क्यों नहीं रहती।

आज उस दक्षिण भारतीय शोध-छात्रा ने चीनी भाषा के उच्चारणों के बारे में बड़ी दिलचस्प बात की...शायद पूरा मुँह खोलकर उच्चारण करना इस अत्यन्त ठंडी जलवायु में चीनियों के लिये कठिन होता है। इसीलिए उन्होंने परस्पर संवाद के लिये ध्वनियाँ ईजाद की होंगी। क्या जलवायु का भाषा के उच्चारण से संबंध है? चीनी भाषा की चार काष्ठाओं (पिच) के पीछे सर्दी का कितना असर है?

जिन्हें थोड़ा-सा प्रेम चोरी-छिपे छीनने पर मिला हो या फिर वैवाहिक साहचर्य की रोती-झींकती निकटता से जिनमें मंदी आँच बची रही हो, वे क्या जानें इन चीनी युगलों का उन्मुक्त सड़क- छाप प्रेम? सबसे बेखबर खजुराहो की मिथुन आकृतियाँ बनाते युवा लोग...शायद ये वही युवा हैं जिन्होंने लोकतांत्रिक आज़ादी के लिये संघर्ष किया था। अब प्रेम प्रदर्शन में उन्होंने ऐसी आज़ादी को चरितार्थ किया है। पाश्चात्य समाज को चुनौती देता उनका यह रोमांस वयोवृद्ध चीनियों को अच्छा तो नहीं लगता, पर वे इसकी अनदेखी करते हैं। जानते हैं कि टोका-टोकी करने से युवा पीढ़ी विद्रोही हो जाती है। और इस समय तो ठेठ राजनीतिक प्रत्ययों को भूलकर भौतिक आनन्द और 'सम्पन्न होने की शान' का युग प्रारम्भ हुआ है।

27 अप्रैल

आज खूब रोया। आधी रात को सपने में आयी बिटिया कहने लगी, ''पापा, क्या मेरी शादी नहीं करोगे? भाग कर चले गये सारी ज़िम्मेदारियों से पिंड छुड़ा कर।'' बहुत देर तक रोता रहा।

जब कभी बाज़ार में टॉफ़ियाँ, फल, खाने-पीने का सामान खरीदता हूँ तो बाशा की याद आ जाती है। कपड़े देखता हूँ तो बाशा का नाप सोचने लग जाता हूँ। नये जूते लिये तो सोचा, यह मेरा पाँव नहीं है बाशा का पाँव है। कितने अच्छे लगेंगे ये जूते उसके पाँवों में।

28 अप्रैल

आज ल्यू हुवे साहिबा के साथ ल्यूशिंगशांग की सुरम्य झील और पर्वत शृंखला की सैर की। अवलोकितेश्वर का मन्दिर था, लम्बी सुरंगें, विशाल मैत्रेय (हँसते हुए बुद्ध) की प्रतिमा...सब कुछ अनिवर्चनीय। श्रीमती ल्यू हुवे का आज जन्मदिन था। वे मेरी फोटुओं से पूरी एक रील भरना चाहती थीं। आधी से ज़्यादा रील तो खींच भी ली थी। बाद में मैंने उन्हें मना कर दिया। चीनी कहावत है कि अगर पहाड़ों पर हो तो पहाड़ों से, अगर पानी के पास हो तो पानी से अपने जीवनयापन का स्रोत खोजना चाहिए। रास्ते में जगह-जगह लिखा था—'जंगल को आग से बचाना हम सबकी ज़िम्मेदारी है।' हरा-भरा फल-फूलों से गदराया ग्रामीण परिवेश था, साफ़-सुथरे ईंटों के घर, घरों के चारों तरफ़ अहाते। ग्रामीण महिलाएँ दालें, बीज, फल लिये रास्ते पर बैठी थीं। घुड़सवारी के लिये बहुत सारे घोड़ेवाले थे। गेहूँ के गझिझन खेत थे और मक्का की बुआई के लिये किसान पलाव कर रहे थे। इमारतों की पारस्परिक कलात्मक छतों के कंगूरों पर शुभंकर पशु-पक्षी और ड्रेगन...एक शांत, शालीन और नैसर्गिक आत्मतुष्ट वातावरण...पहाड़ों में जैसे कुछ खोया है...सीढ़ियों-दर-सीढ़ियों के बाद एक अकल्पनीय नज़ारा दिखाई दिया। कभी सोचा भी न था कि बाँध के पीछे झील की इतनी लम्बी, गहरी भूलभुलैया होगी। हरा, स्फटिक जैसा हिलोरें लेता पानी और मोटर-बोटों की माकूल व्यवस्था। इस पर्यटक-स्थल की देखभाल सैनिक करते हैं। नौ सौ वर्ष प्राचीन इस बौद्ध

मन्दिर में अनेक बौद्ध कथाओं का चित्रण हुआ है। अत्यन्त प्राचीन पाषाण-प्रतिमाएँ हैं और असंख्य भुजाओं, सिरों के अवलोकितेश्वर, यानी बुद्ध का स्त्री-अवतार। मैंने बौद्ध बनकर प्रार्थना की कि मेरा परिवार और श्रीमती ल्यू हुवे, जिनका आज जन्मदिन है, दीर्घायु हों।

29 अप्रैल

रेलवे एक्रोबेटिक्स ग्रुप का अविस्मरणीय प्रदर्शन। संगीतात्मक, काव्यात्मक प्रस्तुति। अत्यन्त प्रभावकारी कोरियोग्राफ़ी। तालियाँ बजाते-बजाते दर्शकगण थक गये। ध्वनि, प्रकाश और करतब का अद्‌भुत तालमेल था, साथ ही नट-विद्या और आधुनिक सर्कस का मिला जुला स्वरूप भी। शरीर संतुलन ही नहीं बल्कि उसकी शुद्ध काव्यात्मक शिल्प संरचनाएँ...सबसे ऊपर लड़कियों का आत्मविश्वास भरा मनमोहक सौंदर्य...।

1 मई

आज मई दिवस पर हुआनमिंग हुआन के खण्डहर हुए महल और उद्यान देखने गया। ये कभी छिंग राजवंश का शाही निवास और बग़ीचा हुआ करता था। इन्हें 1860 में इंग्लैंड और फ्राँस की सेनाओं ने नष्ट कर दिया। इस मनोरम बग़ीचे और सैरगाह को बनाने में एक सौ पचास वर्ष लगे थे। फुहई (सुख का समुद्र) झील अनुपम दृश्य उपस्थित करती है जिसके चारों तरफ़ ध्वंसावशेष तथाकथित सभ्य देशों की बर्बरता के साक्ष्य के रूप में यथावत् रहने दिये गये हैं। एक प्रतिमा सबका ध्यान आकृष्ट करती है : 'स्वर्ग से उतरा देवदूत', अपने सिर पर सोम से भरा बड़ा घड़ा लिये खड़ा है। यहाँ लोक कलाकार पर्यटकों को पालकियों में बैठाकर गीत गाते हुए चलते हैं, बिलकुल राजवंश काल के उस स्वर्णिम समय का आभास देते हुए...

मई दिवस साम्यवाद का पुनर्स्मरण है और चीन में एक विजय दिवस। दूसरे देशों में विशाल रैलियाँ निकलीं, रूस में हिंसक झड़पें हुईं, लेकिन चीन बिलकुल शांत और बिना किसी भव्य उत्सव, शोर-शराबे के चलता रहा। बस, अवकाश रहा, लोगों का बाग़-बग़ीचों में मेला भरा। कुछ कर्मठ, योग्य

श्रमिकों को सम्मानित किया गया। पता चला कि माओ त्ज़ेतुंग (माओ चूशी) का नीला, बंद गले का कोट पहनना यहाँ अब अच्छा नहीं माना जाता। पूर्वी यूरोप से आये विशेषज्ञ फिर भी माओ का बैज़ लगाये हुए थे। किन्तु चीनी इस तरह के ड्रेस-कोड से बचते हैं। वे कहीं भी किसी तरह से सांस्कृतिक क्रांति के नाम पर हुए ग़लत कामों की याद नहीं दिलाना चाहते। माओ के समय के लोग, बूढ़े-वयोवृद्ध ज़रूर अभी तक भी बंद गले के कोट पहनना पसंद करते हैं। लेकिन ऐसे लोगों ने चुपचाप पीछे खिसकना स्वीकार कर लिया है। वे शनैः-शनैः नौजवान पीढ़ी को सब कुछ सौंपते जा रहे हैं।

2 मई

अरे, मैं जिन्हें भिखारी समझता था...फटेहाल, रूखे, बेतरतीब बाल और निपट देहाती मैले-कुचैले कपड़े...वे तो ज्योतिषी जी महाराज निकले। काग़ज़-पत्तरे लिये सड़क पर बैठे थे चीनी भाषा में भविष्य-फल लिखते...

आज एक तिब्बती कविता पढ़ी...

> बिना तल्ले के बढ़िया जूते की तरह है
> मेरे लिये वह राजकुमारी
> वो क्यों भला करेगी मुझे प्यार
> उसका होना, नहीं होना व्यर्थ है।

दूसरी तिब्बती कविता भी कम रोचक नहीं थी...

> जाते हो तो जाओ बहुत दूर
> पर छोड़ जाओ यह कमीज़
> जिसमें बसी है तुम्हारी देह की बास
> जब भी देखूँगी, सूँघूँगी इसे
> तुम होगे मेरे बिलकुल पास।

शायद हाल की *गाथा सप्तशती* को इसके समकक्ष रखा जा सकता है। बिहारी की नायिका चोली नहीं धोती है। अब तो विज्ञान ने पुरुष हॉरमोन की सैक्स-अपील के प्रसाधन उपलब्ध करवा दिये हैं। पर कमीज़ में जो गंध है और उसे पहनने में जो एकात्म भाव व्यक्त होता है, उसको क्या कहें?

4 मई

पूरा विश्व लगती है हमारी बस। कोई अड़तीस देशों के भाषा विशेषज्ञ एक ही बस से सुबह काम पर रेडियो स्टेशन के लिये निकलते हैं और शाम को लौटते हैं। हम लोगों में अधिकांश अपने-अपने देश के प्रमुख पत्रकार, दूरदर्शन, रेडियो के लिये काम करने वाले और भाषाविद् हैं। एक सुबह बस में हम सबने अपनी-अपनी भाषा में 'वसन्त' के लिये क्या लफ़्ज़ आता है बताना शुरू किया तो रेडियो स्टेशन पहुँचकर ही दम लिया। रोज़ अन्तरराष्ट्रीय मुद्दों पर खुलकर बहसें होती हैं। सारी दुनिया इस एक बस में भर गयी है : अमेरिका, ब्रिटेन, रूस, सीरिया, तुर्की, जापान, बर्मा, पाकिस्तान, भारत, नेपाल, कम्बोडिया, यूगोस्लाविया, कोरिया, स्पेन, पीरू, ज़ाम्बिया, बुलगारिया...सभी एक-दूसरे के मित्र हैं और आते-जाते एक घंटा अहम मसलों पर बहस करते रहते हैं।

5 मई

श्रीमती ल्यू हुवे काफ़ी रहस्यपूर्ण हैं। उन्होंने मेरे प्रति स्नेह के कारण फ़ोटुओं पर बहुत खर्चा कर डाला। कुछ फ़ोटो उन्होंने रख लीं जिनमें वे खुद थीं। उनकी बातों से लगा कि विभाग में दूसरे साथियों से उनकी कम पटती है। वे अपनी पदोन्नति के लिये प्रयत्नशील हैं।

श्री वांग चिन फंग घर का भी सारा काम करते हैं। मसलन, कपड़े धोना, प्रेस करना, पोंछा लगाना, सप्ताह में दो दिन (यानी जब दोनों का अवकाश होता है) खाना पकाना (बाकी दिनों तो पति-पत्नी दफ़्तर के डाइनिंग हॉल में ही भोजन करते हैं।) बर्तन माँजना आदि। घर की सजावट भी उनकी ही ज़िम्मेदारी है। चीनी परिवारों में कार्यरत महिलाओं को पुरुष बराबर सहयोग करते हैं, बल्कि ज़्यादा ही। फिर भी महिलाओं द्वारा तलाक के नोटिस आम बात है। ज़्यादातर मामलों में चीन की जन-अदालतें पुरुष के बजाय महिला का पक्ष लेती हैं।

7 मई

फूल तो बहुत सुंदर हैं पर गमले सुंदर नहीं हैं...काले, मुँह पर से फैले हुए... शायद चीनियों को इतमीनान है कि सुंदर रंगीन फूलों को देखते वक़्त आपकी

नज़र इन गमलों पर नहीं जायेगी। पहले से ही बने बड़े सीमेंट-चिप्स के गमलों में ये छोटे गमले रख दिये जाते हैं। तब ये दिखायी नहीं देते, लेकिन बरामदों, रास्तों पर रखी इनकी कतारें इनकी बदसूरती का पर्दाफ़ाश करती हैं।

8 मई

अनुशासित चीनी समाज में सम्पन्न होने की होड़ बढ़ गयी है। तंग स्याओ फिंग का सूत्र : 'हमें सम्पन्न होना है, सम्पन्नता शान की बात है,' चरितार्थ करते हुए हर कोई अधिक-से-अधिक धन कमाना चाहता है। विदेशी कम्पनियाँ अच्छा वेतन देती हैं, लेकिन इससे अंग्रेज़ी जानने वालों का रौब बढ़ रहा है। विदेशी प्रकाशन प्रैस में अंग्रेज़ी शिक्षण की अनेक पुस्तकें और कोश उपलब्ध हैं जिनके प्रति चीनियों में अपार आकर्षण है। यह खतरा बढ़ता जा रहा है कि विदेशी पूँजी से खड़ी की गयीं कम्पनियाँ अधिक प्रतिभावान चीनियों को रख लेंगी तो सरकारी प्रतिष्ठानों में दोयम दर्जे के साधारण बुद्धि के कर्मचारी रह जायेंगे। लेकिन जो परिपक्व सोच के लोग हैं उन्हें अपनी सरकार की बुद्धिमत्ता पर पूरा भरोसा है। वे सोचते हैं कि पूँजीवादी ग़ैर बराबरी और एकाधिकार यहाँ पनप नहीं पायेंगे। अन्ततोगत्वा, देश का नेतृत्व स्थिति सँभाल लेगा। गरीबों का जीवन स्तर उठेगा, दैनिक उपभोग की वस्तुएँ और अधिक सस्ती सुलभ होंगी। शायद भविष्य में, यानी एक दशक बाद, कोई दूसरा नेतृत्व आ जाये और सरकार के प्रति अधिक कारगर आलोचनात्मक दृष्टि का विकास हो...।

अक्सर कोई-न-कोई दिन यहाँ जनता द्वारा किये श्रमदान का दिन होता है जिसमें मोहल्ले के लोग जनसेवा करते हैं। लोगों को निजी परामर्श देना, समस्याओं का निराकरण करना, यातायात में मदद करना आदि कार्यों में गली-मोहल्ले के लोग एकजुट होकर हिस्सा लेते हैं। यह सब अपने मुख्य कार्यभार के समय के अतिरिक्त समय में होता है। हरेक मोहल्ले के निवासियों का अपना संगठन होता है...मीटिंगें होती हैं, गर्मागरम बहसें होती हैं और प्रत्येक सदस्य सक्रियता से अपने नेता के निर्देशन में जन-सेवा करता है।

गाँवों से आये श्रमिक प्रतिदिन बीस-तीस यूएन कमा लेते हैं। वे बहुत

मेहनती और बलिष्ठ होते हैं। शहर में चल रहे निर्माण-कार्यों में ऐसे ही श्रमिक लगे हैं। देखने पर एक गरीब और एक श्रमिक में कोई विशेष अंतर नहीं प्रतीत होता। लेकिन शहर के दफ़्तरों में कार्यरत कर्मचारी भी इन श्रमिकों की आय देखकर इनसे रश्क करते हैं।

9 मई

आज सुबह-सुबह गिनती करने बैठा कि अभी तक ऐसा क्या है जो मैंने यहाँ नहीं देखा :

1. कहीं भी पेइचिंग में पालतू या आवारा पशु नहीं देखे। हाँ, पकाने के लिये सुपरमार्केट में जीवित मछलियाँ, साँप, मुर्ग़े वगैरह ज़रूर देखे हैं।
2. बहुत कम उम्र के लड़के-लड़कियों को कहीं भी काम करते नहीं देखा। होटलों, दुकानों पर युवा लड़के-लड़कियाँ ही काम करते हैं। टैक्सियों, बसों, मिनी बसों में आमतौर पर लड़कियाँ ही कन्डक्टर होती हैं। चीन की लड़कियाँ महान हैं, पूजनीय हैं। उन्होंने प्रकृति-प्रदत्त लिंगभेद को बहुत हद तक समाप्त कर दिया है। वे भारी से भारी मशीनें चलाती दिखायी देंगी।
3. मैंने अभी तक शहर में कोई पेट्रोल-पंप नहीं देखा। शायद वे शहर से बाहर काफ़ी दूर हैं।
4. किसी भी गाड़ी/वाहन के साइलेंसर से धुआँ निकलते नहीं देखा।
5. सड़कों के दोनों ओर अनेक प्रकार के फूल खिले हैं पर किसी को भी फूल तोड़ते नहीं देखा।
6. चीन में सभी कार्यालयों का समय आठ बजे सुबह से पाँच बजे शाम तक है। साढ़े सात बजे अपार जनसमूह साइकिलों पर निकल पड़ता है। सड़क दुर्घटनाएँ होती तो होंगी पर मैंने केवल एक सड़क दुर्घटना देखी है। शायद इसका कारण यह है कि साइकिल चलाने वालों की सड़कें अलग हैं और पेइचिंग में मोटर-बाइक चलाने की अनुमति नहीं है।
7. चीन में भिखारी नाममात्र के हैं, केवल वे हैं जो अपंग हैं। मैंने अभी तक केवल दो भिखारी फ़्लाईओवर के रास्ते में बैठे देखे हैं।

8. किसी को शराब पीकर ऊधम मचाते नहीं देखा।
9. यहाँ अपराध बहुत कम हैं। केवल कुछ विदेशियों की जेबें साफ़ होने का सुनने में आया। हाथापाई करने पर अगर किसी को चोट लगती है या उसके शरीर को स्थायी क्षति पहुँचती है तो चोट पहुँचानेवाले को बहुत कठोर दंड मिलता है। उसे मिली सारी सुविधाएँ छीन ली जाती हैं। अख़बारों को सख्त निर्देश हैं कि वे राष्ट्रीय विकास से सम्बन्धित ख़बरें अधिक दें, न कि हिंसा, अपराध की स्टोरी बनायें।

इस तरह 'कन्फ़्यूशियस की आदर्श शिक्षाओं' का ही प्रचार-प्रसार किया जाता है। स्त्रियों को पूरे अधिकार और मुक्ति मिल जाने से उनके प्रति अपराध बहुत कम हैं।

जैसा कि मैं पहले कह चुका हूँ कि अख़बारों में तलाक के नोटिस ज़्यादातर स्त्रियों के द्वारा दिये गये हैं। किसी से परस्पर मन नहीं मिले तो तलाक आम बात है। जन-अदालतें फ़ैसला करने में देर नहीं करती हैं। अगर दूसरा पक्ष नोटिस छपने के एक माह में अपना पक्ष प्रस्तुत नहीं करे तो फ़ैसला प्रार्थी के पक्ष में कर दिया जाता है।

10 मई

आज मैंने बाँस-बग़ीचा (बैंबू पार्क) और चिड़ियाघर देखा। बग़ीचे की झील में नौका-विहार के टिकट-घर के पास अचानक भारतीय फ़िल्मी गीत सुनायी दिया। हमारी फ़िल्मों के गीत चीन में लोकप्रिय हैं। राष्ट्रीय पुस्तकालय के बिलकुल निकट शहर की मुख्य सड़क पर अवस्थित इस पार्क का विस्तार बहुत है और यह विविध आमोद-प्रमोद के साधनों से भरपूर है। चिड़ियाघर में जगत-प्रसिद्ध लैसर पैंडा देखा। ये वन्य-जीव सिंचुआन के वनों में बहुतायत में हैं। पैंडा यहाँ का राष्ट्रीय पशु है, इसीलिए इसे विशेष सुरक्षा और आराम में रखा जाता है। किन्तु दूसरे जानवरों के कठघरे बहुत छोटे हैं, जबकि पैंडा के लिये बहुत विशाल वनाच्छादित क्षेत्र है। हाथियों की दशा अच्छी नहीं है। बाघ भी बिलकुल सूखी, तपती धरती पर लेटा था। काले रीछ (स्लाथ बियर) गर्मी से परेशान थे। चिड़ियाघर में साँपों की प्रजातियों का बड़ा संग्रह था। चीन में

साँप और बिल्ली के मिश्रित मांस से बना व्यंजन बहुत पसंद किया जाता है। रविवार था सो चिड़ियाघर में काफ़ी भीड़ थी और एक जगह लॉन में टेबल डाले तीन डॉक्टरों का एक समूह आते-जाते लोगों के खून की जाँच, रोग का निदान आदि करने में व्यस्त था। यह यहाँ आम बात है। चीनी स्वास्थ्य विभाग की ओर से यह अत्यन्त व्यावहारिक और सुविधाजनक कर्तव्य माना जाता है। चिड़ियाघर के अधिकांश कठघरों में एसी लगे थे जिनको देखने के लिये विशेष टिकट-व्यवस्था थी। यानी उनका खर्चा, रख-रखाव, टिकट-बिक्री से ही पूरा हो जाता है। फ़ोटोग्राफ़ी के लिये अलग से चार्ज देना होता है। चीन में फ़ोटोग्राफ़ी राष्ट्रीय शौक है, सर्वाधिक लोकप्रिय और ज़रूरी। जब कोई फ़ोटो ले रहा होता है तो उसके रास्ते में कोई नहीं आता। सारा आवागमन रुक जाता है जब तक कि वह अपना काम पूरा नहीं कर लेता।

11 मई

चीन में राशन व्यवस्था समाप्त कर दी गयी है। ख़बर है कि महँगाई बारह से चालीस प्रतिशत तक बढ़ सकती है जिसके लिये चीनी वेतन-भोगियों को प्रति माह दस यूएन अधिक मिलेंगे। क्या चीन पूँजीवादी बाज़ार व्यवस्था के दुष्परिणामों की तरफ़ अग्रसर है? खाद्य पदार्थ महँगे हो जायेंगे और निश्चित तौर पर इसका बोझ मध्यवर्ग के उपभोक्ताओं पर पड़ेगा। क्या विदेशियों का भी वेतन इस अनुपात में बढ़ेगा?

चीन में कई जगहों पर विदेशियों से पाँच गुनी कीमत ली जाती है। यह दोहरी नीति चीन के ओलम्पिक्स की मेजबानी करने में बाधक सिद्ध हो रही है। देखना यह है कि खुली बाज़ार अर्थव्यवस्था में निजी स्पर्धा के कारण कीमतें कितनी घटती-बढ़ती हैं। एक तरफ़ निजीकरण की छूट है तो दूसरी तरफ़ आदेश निकला है कि पार्टी या सरकार का कोई भी नुमाइंदा किसी से उपहार या सिक्योरिटीज़ नहीं ले सकता। उसे ऐसी भेंटों को सरकारी कोष में जमा कराना होगा। ऐसा नहीं करने पर उसके विरुद्ध कठोर दंडनात्मक कार्यवाही की जायेगी। नयी अर्थव्यवस्था का यह समय ही बतलायेगा कि पार्टी देश में अपना नियंत्रण किस सीमा तक रखती है। अगर वह असफल

होती है तो उसके शक्तिशाली होने पर लोग संदेह करेंगे।

बहुराष्ट्रीय कम्पनियों में नौकरी पाने की लालसा पनप रही है। अंग्रेज़ी के प्रति रुझान और मोह बढ़ रहा है। अधिक प्रतिभावान और महत्त्वाकांक्षी युवा बहुराष्ट्रीय कम्पनियों की तरफ़ भाग रहे हैं। साथ ही, शेयर खरीदकर बिना श्रम किये मालामाल होने की लालसा बढ़ी है, इससे बैंकों की जमा-पूँजी कम हुई है। आज पींकिग विश्वविद्यालय के प्रोफ़ेसर बता रहे थे कि आम चीनी नागरिक, मज़दूर, कर्मचारी और नेता...इन तीन वर्ग भेदों को मानता है और इनसे व्यवहार में अंतर बरतता है। इनमें परस्पर दोस्ताना संबंध अच्छा नहीं समझा जाता। प्रोफ़ेसर की कही बात में कितना सच है, मैं खुद देखकर पता लगाऊँगा।

12 मई

आज पीकिंग विश्वविद्यालय के प्रोफ़ेसर वाग श्रु हंग अपनी बिटिया का अंग्रेज़ी में लिखा लेख सुधरवाने आये। मुझे जवा की याद आने लगी। आँखें नम हो गयीं। मेरे चले आने के बाद उसका काम वहाँ कौन करेगा? मैं उसकी नौकरी, परीक्षा आदि कामों में कुछ सहायता कर दिया करता था। एक पिता का उसकी बेटी के लिये थोड़ा-सा काम, चिंता करना और प्रशंसा में कुछ कहना...इससे पवित्र और उत्साहवर्धक क्या हो सकता है? बेटी की विवाहपूर्व पिता पर निर्भरता पिता के अपरिहार्य दायित्वों का ही एक स्नेहिल रूप है...

''ओ जवा, जवा,

जीवन की अनगिनत यात्राओं में जहाँ कहीं जाऊँगा,
सोचूँगा तुम्हें मेरी मदद की ज़रूरत होगी
अपरिचित पहाड़ों, झरनों, आच्छादित अरण्यों के ठंडे रंगों में
पढ़ता रहूँगा इबारतें तुम्हारे भविष्य की,
अंग्रेज़ी में भरे किसी फ़ार्म की,
या फिर जटिल नियमावलियों की धंधई शब्दावली में
सुझाने के लिये तुम्हें ठीक-ठीक शब्द...
यहाँ अब आधी रात के झुटपुटे सपनों में करता हूँ
तुम्हारी अर्ज़ियाँ पोस्ट

जितना दूर–दूर जाऊँगा पछताऊँगा कि पिता होकर
तुम्हारे काम नहीं आया,
सोचता हूँ कितनी भाग्यशाली है प्रो. हंग की बिटिया
कृतकृत्य हैं प्रो. हंग!''

13 मई

सुबह के चार बजे भोर का झुटपुटा होने लगता है। होटल फ्रेंडशिप के चिनारों में हवा अपनी वीणा छेड़ने लगती है। शोर होता है जैसे कोई छोटा–सा पहाड़ी झरना निरन्तर ऊँचाई से झर रहा हो...

मुझे सलाह दी गयी है कि बाज़ार में नोट लेते वक़्त सावधानी बरतूँ। इन दिनों चीन में नकली नोटों का प्रचलन बढ़ गया है। सौ–सौ के नोट नकली हो सकते हैं। अत: पचास–पचास के नोट ही लूँ। यथासंभव। सौ यूएन के नोट के बीच में पारदर्शी ढंग से माओ का चित्र बना होता है, यही उसके असली होने की पहचान है।

...प्रो. छन चुंग रुंग ने आज मुझसे राजनीतिक समीक्षात्मक लेख और अनुवाद करने की पहल करने को कहा, ताकि हिन्दी में चीनी राजनीतिक शब्दावली तय हो सके। मैंने कई चीनी हिन्दी पुस्तकों में अनुवाद की अनेक ग़लतियाँ लक्षित की हैं। शायद असावधानी के कारण या शायद मूल चीनी पाठ का अर्थ नहीं समझ पाने के कारण ऐसा हुआ है। चीनी 'राष्ट्राध्यक्ष' या 'जन–प्रतिनिधि सभा' या 'रूपान्तरण और खुला द्वार' जैसे अनेक शब्द अंग्रेज़ी से बिलकुल भिन्न हैं। इनमें चीनी भाषा की अपनी विशिष्टता है। मैं ऐसा एक कोश तैयार करना चाहता हूँ।

14 मई

मैं बूँदी के उस मोचीराम को धन्यवाद देना चाहता हूँ जिसने मेरे बाटा के तीन साल पुराने घिसे जूतों में टायर का तल्ला चिपकाया था। ये जूते अभी तक भी पेइचिंग की सड़कों पर शान से चल रहे हैं। एक दिन इन जैसे ही जूते मुझे कूड़ेदान में दिखाई दिये तो उस अभागे व्यक्ति पर तरस आया जिसे मेरे मोचीराम जैसा विशेषज्ञ नहीं मिला होगा और वह इन जूतों को, कभी नहीं

सुधरने वाली प्रेमिका की तरह, खीजता हुआ छोड़कर चल दिया होगा। पर वह किसी गरीब आदमी को गुप्त दान करने का पुण्य अभी तक नहीं कमा सका है। नीम के पेड़ के नीचे बैठा वह मेरा मोचीराम मुझे याद आ रहा है। न जाने कितनी बार उसने पुरानी चप्पलों के लोभी इस कवि को संकट से उबारा होगा।...ये जूते कितने भाग्यशाली हैं—भारत की माटी लेकर चीन आये हैं। तल्ले के टायर में एक छोटा-सा छेद हो गया है जिससे शायद भारत की गर्म हवा आती है। पेइचिंग के सूक्ष्म धूलकणों में उससे गुदगुदी होती है। शायद जब लौटूँगा तो ये जूते मुझसे बिछुड़ जायेंगे। ऐसा संभव नहीं हुआ तो लौटकर अपने दोस्त मोचीराम को बतलाऊँगा कि फटे पिचके तल्लों के बावजूद एक अनजान धरती पर फेरा लगाने में उसने मेरी मदद की है।

17 मई

आजकल पेइचिंग की सड़कों पर गुलाबों की बहार है। यहाँ की व्यवस्था में ये गुलाब कितने गदरा रहे हैं...न कोई आवारा या पालतू पशु और न कोई शख़्स इन्हें छूने, तोड़ने वाला। पेइचिंग में परिंदे भी बहुत कम हैं। ये बस विहँस रहे हैं, यौवन-मद से खूब भरे-पूरे, स्वस्थ और मोहक। चारों तरफ़ सुगंध की मादकता फैलाते। लेकिन एक भी मक्खी नहीं है। वैसे आज बाहर धूप सेंकती एक छिपकली दिखाई दी थी। यहाँ मई में वसंत आता है। शहर में फूलों की भरमार है। लेकिन गुलाबों की छटा सबसे ऊपर है, मानो रंगों का समुद्र सड़कों पर उमड़ रहा हो। कोई-कोई गुलाब तो इतने बड़े आकार के गदराये नशे में उझक रहा है कि देखकर सारे शरीर में सनसनी-सी दौड़ जाती है। शायद निराला की कविता से उलट कहना ग़लत नहीं होगा कि साम्यवाद की इस हरी-भरी धरती पर सबसे अधिक जनवादी, स्वस्थ नेत्रनिर्वाणम् और लोकप्रिय हैं ये गुलाब!

18 मई

चीन को, अन्तरराष्ट्रीय मसलों पर ही नहीं, उसकी आन्तरिक व्यवस्था के लिये भी यूरोप और अमेरिका घेरने में लगे हैं। राशनिंग हटाने से पच्चीस प्रतिशत उपभोक्ता वस्तुओं की कीमतें बढ़ी हैं। लेकिन पेइचिंग से पहले कई दूसरे प्रांतों

में राशनिंग और सब्सिडी हट चुकी है। आज बीबीसी ने चीन में बढ़ती महँगाई की आलोचना की है। फिर भी दुकानों पर भीड़ की मारामारी दिखायी देती है। लगता है कि यह एक अतिशयोक्तिपूर्ण भ्रामक प्रचार है। मैंने कीमतों के प्रति चीनियों को शिकायत करते नहीं सुना। किसान खुश हैं कि उनकी उपजों का ठीक दाम मिलेगा। अब देखना यह है कि वेतनभोगी वर्ग कीमतों के प्रति क्या रुख अपनाता है। बैंकों ने जमा-पूँजी आकर्षित करने के लिये ब्याज दर बढ़ा दी गयी है। शेयर बाज़ार के प्रति रुझान बढ़ रहा है। आभूषणों और वस्त्रों के लिये चीनी महिलाएँ पहले से अधिक फ़ैशनपरस्त दिखायी दे रही हैं। पियरे कार्दिन का अच्छा ख़ासा साम्राज्य चीन में फैला है। फ़ैशन डिज़ाइनिंग में चीन पेरिस और मिलान को मात दे रहा है। एक ओर अमेरिका और ब्रिटेन मानव-अधिकारों के हनन के नाम पर चीन को गरियाते रहते हैं, तो दूसरी ओर चीन का जवाब है कि अगर अमेरिका विश्व का सबसे बड़ा विकसित देश है तो चीन विश्व का सबसे विशाल विकासशील देश है। इसीलिए दोनों देशों के लिये परस्पर 'घनिष्ठ मैत्री' संबंध ज़रूरी हैं। यानी अगर अमेरिका को इतना बड़ा बाज़ार चाहिए तो वह पूँजीनिवेश और टेक्नोलॉजी में चीन का सहयोगी बने।

...आज पेइचिंग में पहली बार रिक्शे की सवारी की। पहले रिक्शे बंद कर दिये गये थे, लेकिन खुलेपन के साथ-साथ पाबन्दियाँ हट रही हैं। ये अंशकालिक आय का स्रोत तो नहीं हैं बल्कि स्वरोज़गार का सरल उपाय हैं। एक बूढ़ा फटेहाल कपड़ों में छंगान सुपरमार्केट के बाहर ठंडे पेय के एल्मूनियम के खाली डिब्बे एक बोरे में इकट्ठे करता दिखायी दिया। उसने दस्ताने पहन रखे थे...। पेय पीनेवालों के पास खड़ा वह डिब्बे खाली होने का इन्तज़ार करता, फिर हरेक डिब्बे को अपने पाँव से कुचलकर बोरे में डाल लेता।

19 मई

चीनियों ने आधुनिक साहित्य की उपेक्षा ही की है। उनकी सोच है कि जो आधुनिक साहित्य है इसका बहुलांश आयातित और पाश्चात्य है। अतः वह देशज संस्कृति के विरुद्ध है। दूसरा कारण शायद यह है कि सांस्कृतिक क्रांति से उपजी व्यापक प्रतिहिंसा और घृणा ने उन्हें आधुनिक लेखन से दूर किया है। दरअसल, चीन में अकादमिक और तार्किक की बजाय व्यावहारिक विचारों का

अधिक महत्त्व है। चीनी दार्शनिक मीमांसा से बचते हैं। वे कहते हैं कि भारतीयों ने दर्शन ग्रंथ रचे हैं तो हमने इतिहास लेखन पर अधिक ज़ोर दिया है। इसीलिए चीन में विचारधारात्मक शब्दावली मात्र कामचलाऊ है। चीनी समाज मूलतः भौतिकवादी, व्यवहारवादी समाज है। एक भारतीय की दृष्टि में चीनी साहित्य का फलक इतना विस्तृत और समकालिक नहीं है, जितना कि भारतीय लेखन का।

20 मई

कभी-कभी होटल के समीप लगे चिनार के वृक्ष बहुत शोर मचाते हैं और कभी-कभी बिलकुल शांत दार्शनिक मुद्राओं में खड़े रहते हैं। पेइचिंग चिनारों का शहर है। जब इनके नीचे से अपार जनसमूह गुज़रता है तो मानो सभ्यता के इतिहास की छत्रछाया में समूची मानवजाति निरन्तर आगे बढ़ती हुई दिखाई दे रही हो। तेज़ हवाएँ चलती हैं तो पत्तियों की थिरकन और रुनझुन का संगीत आगाह करता है कि सँभल कर चलो, किसी से टकराना नहीं है। चिनारों के नीचे भागतीं साइकिलें मानव-श्रम से रचे गतिमान संसार का प्रतीक हैं। साइकिल ही तो है जिसे एक सम्पूर्ण आविष्कार कहा जा सकता है, क्योंकि इसके मूल स्वरूप को अभी तक भी अधुनातन आविष्कारों और फ़ैशनों ने बिगाड़ा नहीं है। और चिनार हैं जिनकी हरिताश्म जेड छाया पेइचिंग को सदियों से शांत, एकाग्र और आत्मीय संगति देती रही है। चिनार अगर सड़कों, गलियों के किनारे हैं तो विलो (बेंत) भी कम नहीं हैं। विलो की पृथ्वी पर तीन सौ प्रजातियाँ होंगी। पेइचिंग में दो प्रजातियों की बहुलता है : एक वे जो झीलों के किनारे अपनी लतरों से झूलते, अधडूबे-से समर्पित भाव से खड़े हैं और दूसरे वे जो पुराने शहर की संकरी गलियों के दोनों ओर हरीतिमा ओढ़े ध्यानस्थ हैं। फिर भी, अमेरिकी कहते हैं कि पेइचिंग में बहुत प्रदूषण है। अमेरिका में जो आये दिन हत्याएँ, गोलीबारी और लूटपाट होती रहती है, फ़िलहाल पेइचिंग इन सबसे मुक्त है।

21 मई

प्रो. सुन पाओ कांग अगले सप्ताह शहर से बाहर किसी उपनगर के एक बेहतरीन होटल में ठहरेंगे। साथ में होंगे पदोन्नति कमेटी के अन्य ग्यारह

सदस्य। इस कमेटी को एसोसियेट प्रोफ़ेसरों और प्रोफ़ेसरों के तीन सौ पदों की पदोन्नति का फ़ैसला करना है। दूर-दराज़ का होटल इसलिए चुना गया है ताकि फ़ैसलों की गोपनीयता और निष्पक्षता बनी रहे। हरेक आवेदक की योग्यताएँ, उपलब्धियाँ और पिछली रिपोर्टों पर विचार किया जायेगा। यह कमेटी दो वर्ष में एक बार ऐसी बैठक करती है। सुन पाओ कांग कहते हैं कि रोज़ दस-बारह फ़ोन उनके पास आते हैं। उनसे आग्रह किया जाता है कि दूसरे सदस्यों को प्रार्थी के गुणों से अवगत करायें।

एसोसियेट प्रोफ़ेसर का वेतन डेढ़ सौ यूएन है तथा कुछ दूसरी सुविधाएँ अतिरिक्त हैं। प्रोफ़ेसर को कुल पाँच सौ यूएन और चार कमरों का फ़्लैट, मुफ़्त चिकित्सा, प्रथम श्रेणी में यात्रा, हवाई यात्रा आदि की सुविधाएँ हैं। लेकिन लोगों को बीस-बीस वर्ष हो गये हैं, एक ही पद पर काम करते। सुन पाओ कांग के विचार में पदोन्नति की यह प्रणाली असंतोष उत्पन्न करती है। लेकिन कमेटी की सिफ़ारिशें मानना, न मानना महानिदेशक के हाथ में है। बहरहाल, वे भी एक सप्ताह होटल में अन्य सदस्यों के साथ 'गहन' विचार-विमर्श में शामिल होंगे। सदस्यगण आवेदकों के बारे में निजी तौर पर परिचित हैं लेकिन प्रत्येक नाम को लेकर बहस होगी और अगर किसी की पक्षधरता हुई तो तर्क देकर दूसरों को आश्वस्त करना होगा।

आज यूगोस्लाविया की विशेषज्ञ जेरिचा ने कहा कि वह अमेरिकियों से नफ़रत करती हैं। अमेरिका अगर चाहे तो यूगोस्लाविया की सर्बों की समस्या हल कर सकता है। लेकिन वह सर्बों की उपेक्षा करने पर तुला है। जेरिचा को अमेरिकी विशेषज्ञ रिचर्ड के उच्चारण बिलकुल पसंद नहीं हैं। उसके विचार में रिचर्ड एक ही तरह से बोलते रहते हैं। उनका 'इन्टोनेशन' यानी स्वर का उतार-चढ़ाव बिलकुल निर्जीव और सपाट है। कई बार जेरिचा ने उन्हें सीट से उठा दिया। अब रिचर्ड खुद बस में पीछे बैठने लगे हैं। वे जेरिचा से डरने लगे हैं। जेरिचा बहुत दुखी मन से तीन जून को बुदापेस्त लौट जायेंगी। वहाँ क्रोटो-मुस्लिमों और सर्बों के बीच घमासान लड़ाई चल रही है।

मानव अधिकारों को लेकर कल फिर बीबीसी ने चीन की जेलों के चित्र दिखलाये। यह शरारतपूर्ण है। हाँ, महँगाई बढ़ रही है। अख़बार में ख़बर है कि मुद्रा-स्फीति दर बढ़ने के कारण चीन की विकास योजनाएँ धीमी होने लगी हैं।

22 मई

चीन की प्राचीन कविता अधिक प्रभावित करती है, जबकि आधुनिक कविता पर भरपूर विदेशी प्रभाव लक्षित होता है। ख़ासकर, अंग्रेज़ी रोमान्टिक्स और विक्टोरियंस का प्रभाव। जैसे-जैसे कविता लोक-प्रकृति से दूर होती जाती है, उसकी भाषा निष्प्राण और अनुवाद की भाषा जैसी प्रतीत होती है। लेकिन अपवाद भी कम नहीं हैं। चीनी क्रांति की स्मृतियाँ कविता में संवेदनात्मक उद्वेग और प्रयोजनशीलता का संचार करती हैं। उदाहरण के लिये, माओ त्ज़ेतुंग की कविता में अपने पुरखों की कविता का पुनर्सृजन हुआ है। लेकिन वे आधुनिक कवि हैं क्योंकि उनकी कविता में चीनी क्रांति के नये प्रतीक निरूपित हुए हैं। मसलन, उनकी 'मशीन और पुर्ज़ा' कविता। निस्सन्देह, जब कोई कविता दूरगामी लक्ष्यों को विन्यस्त करती है और परिवर्तन का उत्साह व्यक्त करती है तो वह आधुनिक और प्रासंगिक प्रतीत होती है।

23 मई

नेपाल से आये प्रो. डहाल चीनी दर्शन और धर्मशास्त्र के मुरीद हैं। वे बुरा मान गये जब मैंने कहा कि भारतीय दर्शन परम्परा और धर्म व्यवस्था की जड़ें चीन से अधिक गहरी हैं। क्या कारण था कि इतनी प्राचीन सभ्यता और संस्कृति होने के बावजूद चीन को बौद्ध धर्म ने आप्लावित कर लिया? यह कहना कि ताओवाद सांख्य जैसा है तर्कसंगत नहीं होगा। कन्फ़्यूशियस ने तत्कालीन शासकों के हित में नीतिशास्त्र रचा, जबकि *मनुस्मृति* का विधान पूरी सामाजिक संरचना के लिये था। प्रो. डहाल एक पेशेवर *एकेडेमीशियन* (ज्ञानी) हैं और मूलतः भाषा-वैज्ञानिक हैं। वे सिर्फ़ इधर-उधर से अपने काम का पढ़ते हैं और जुगाली करते हैं। किन्तु दर्शनों को छोड़ भी दें तो चीन वैज्ञानिक खोजों में भारत से कहीं ज़्यादा आगे रहा है। मसलन, बारूद, स्याही, रेशम, चीनी, चाय, स्थापत्य, पाक शास्त्र, जेड पत्थर की नक्काशी, शृंगारिक हस्तकलाएँ आदि आविष्कारों-अन्वेषणों ने चीन को एक अत्यन्त समृद्ध सभ्यता साबित किया है। महाकाव्य तो नहीं रचे जा सके, किन्तु लोककथाएँ, ड्रेगन की मिथक, हनुमान गाथा, एक्यूप्रेशर-पंक्चर चीन की अनूठी उपलब्धियाँ हैं।

नैतिक शिक्षा और व्यवहारवाद में भी चीन अधिक मूर्त और यथार्थवादी है। लेकिन यह भी सच है कि चीनी सम्राटों की निरंकुशता अकल्पनीय रूप से मनुष्य विरोधी रही है। हालाँकि अनीश्वरवादी चीन ने बुद्ध को देवता/देवी मानकर स्थापित किया, लेकिन कन्फ़्यूशियस और ताओ सदैव उसकी जातीय स्मृतियों में रचे-बसे रहे हैं। नया चीन मार्क्स, लेनिन, माओ की विचारधारा से निर्मित हुआ है। आधुनिक चीन अपनी जातीय परम्परा का भी सम्मान करता है, लेकिन उसके साथ-साथ बॉल-डांस, पॉप, डिस्को, कैरोओके फ़ैशन-शो, कैट-वॉक आदि पाश्चात्य मनोरंजनों को भी खुले मन से स्वीकार करता है। आए दिन अखबारों में जन-अदालतों द्वारा पत्नी के पति को तलाक देने के नोटिस दिखाई देते हैं। हर क्षेत्र में चीनी समाज खुल रहा है। लेकिन इसे पूर्ण स्वच्छंद और परम्पराच्युत समझना शायद भूल होगी। यह समाज अभी भी तार्किक व्यवहारवाद से संचालित होता है। प्रबल राष्ट्रवाद के कारण अभी भी किसी व्यक्ति के अति सम्पन्न होने की चाह समस्त राष्ट्र को समृद्ध बनाने के लक्ष्य से जुड़ी है। वन इताऔ अपनी एक कविता में लिखते हैं :

लाल बत्ती! लाल बत्ती! तुम में कोई ख़ामी नहीं है
रोशनी के लिये तो जलना ही पड़ता है
प्राकृतिक नियम है यह कि तुम बनी हो जलने के लिये,
जलती रहो, जलती रहो
जब तक कि नहीं जलने लगें लोगों के सपने।

24 मई

नब्बे प्रतिशत हान जाति के मन में यह भावना कहीं-न-कहीं है कि अल्पसंख्यक जातियों को चीन में बहुत सुविधाएँ मिल रही हैं। प्रो. सुन पाओ कांग ने बताया कि सिन्चियांग प्रांत से पेइचिंग आए वेयुर मुस्लिम अगर तीस वर्षों तक यहाँ काम करते हैं तो उनके वेतन में तीस प्रतिशत इजाफ़ा होता है। घर, शिक्षा व अन्य सुविधाएँ भी बहुत अधिक हैं। मिंग वंश से निकली मिंग जनजाति तो व्यवहार में हानों जैसी हो गयी है पर उसे भी अल्पसंख्यक होने की विशेष सुविधाएँ हैं। भारत से चीन अल्पसंख्यकों के मसलों पर इसलिए भिन्न नज़र आता है कि यहाँ ये सुविधाएँ, लाभ राजनीतिक हितों को दृष्टि में रखकर नहीं

दिये जाते हैं क्योंकि चीन में एक दलीय शासन है और वोट–बैंक का स्वार्थ नहीं है। आजकल चीन की कुछ जातियाँ अल्पसंख्यक जातियों की सूची में आना चाहती हैं ताकि उन्हें भी अल्पसंख्यक होने के लाभ, सुविधाएँ मिल सकें।

25 मई

रविवार को विदेशी विशेषज्ञों (चुइन्छा) को पेइचिंग से पैंतीस किलोमीटर दूर एक मत्स्य उद्यान (फ़िशपॉन्ड) के भ्रमण के लिये ले जाया गया। बहुत आतिथ्य–सत्कार हुआ। प्रत्येक को बंसी–डोरी दे दी गयी। मछली पकड़ने की प्रतियोगिता में प्रथम, द्वितीय, तृतीय आने पर पुरस्कार भी थे। एक दस–ग्यारह वर्ष के विदेशी लड़के को प्रथम पुरस्कार मिला—अत्यंत सुन्दर चीनी मिट्टी का गुलदान। कस्बे के लोग बेहद सहृदय थे, सब विशेषज्ञों का ध्यान रख रहे थे, मछली पकड़ने में मदद कर रहे थे। प्रतियोगिताओं के बाद चीनी परम्परागत ढंग से भोजन परोसा गया। भोजन भी लाजवाब। बाद में, सबको एक–एक कीमती पैन भेंट किया गया और बस में चढ़ते वक़्त एक बड़े–से थैले में तीन काफ़ी वज़नी जीवित तड़फड़ाती हुई मछलियाँ दी गयीं। मैंने होटल लौटने पर ये मछलियाँ मेरे होटल रूम की सेविका को ससम्मान भेंट कर दीं। वह बहुत खुश हुई।

पशुओं, जीवों के बारे में चीनी बहुत निर्मम हैं। बुद्ध की करुणा जीवों के प्रति लेशमात्र भी नज़र नहीं आती। बाज़ारों में जीवित तड़फड़ाती मछलियाँ, मुर्गे, केकड़े, झींगे बिकते हैं। जीवित होना ताज़ा होने का सबूत माना जाता है। चीनी पाकशास्त्र के विचार में पृथ्वी के सारे जीव भक्ष्य हैं, खाने योग्य हैं। वे उन्हें तब तक तड़फाते हैं जब तक कि वे उनके सर्वभक्षी उदर में नहीं समा जाते। चीनी मछलियों के बहुत शौकीन हैं। मुझे प्रो. सुन पाओ कांग की तरह–तरह की फ़िशिंग रॉड याद हैं। मेरे विचार में जो साहसिक नहीं हैं पर रोमांच का मज़ा लेना चाहते हैं, उन्हें मछलियाँ पकड़नी चाहिए।

26 मई

मैं ड्रेगन, जेड और रानी शिछी द्वारा मोहित कर लिया गया हूँ। सार्वजनिक व्यायाम के बारे में भी चीनियों में जुनून और दृढ़ विश्वास है। शरीर द्वारा

नृत्य-मुद्राओं में वुशू करने से एक अनिवर्चनीय पुलक और थिरकन का अनुभव होता है। शायद भारतीय शास्त्रीय नृत्य जैसा ही है यह। बस, ताल-वाद्य नहीं हैं। मुझे जानना है कि शहरी मध्यवर्ग या कुछ अधिक मानसिक श्रम करने वाले लोगों, परिवारों का ही शगल तो नहीं है यह सार्वजनिक नृत्योत्सव? क्या किसान और श्रमिक भी इसी तरह नृत्य करते हैं? भारत में भी उच्च सम्पन्न-वर्ग अपने शरीर के प्रति अतिरिक्त रूप से सजग हुआ है। फ़र्क इतना है कि चीनियों की भौतिक शरीरकेन्द्रित आत्मा ने नृत्य को एक प्रातःकालीन अनिवार्य सामाजिक अनुष्ठान में बदल दिया है।

27 मई

गाँवों और कस्बों में पहले के लगाये कुछ प्रतिबंध हटा लिये गये हैं। श्री हान चाओ छुन ने बताया कि पहले गाँवों में तो इस बात का भी नियंत्रण था कि कौन-कौन से अख़बार गाँववालों को पढ़ने दिये जाएँ और कौन-कौन से नहीं। उन्हें कुछ सामान्य-सी सुविधाओं के लिये टैक्स देना पड़ता था, यानी किसानों को सूचना पाने का पूरा अधिकार नहीं था, लेकिन अब खुलापन है। यह ख़बर रेडियो से प्रसारित होने को थी पर श्री हान की राय में यह अत्यन्त स्थानीय मामला था, जिसे विदेशी श्रोताओं को सुनवाने से चीनी व्यवस्थाओं की आलोचना हो सकती थी। अब प्रत्येक शहरी नागरिक का गाँवों में जाकर किसानों को सहयोग करना, श्रमदान करना और फ़ैक्टरियों में जाकर कुछ समय के लिये काम करना बंद हो गया है। हाँ, अलग-अलग मोहल्लों, क्षेत्रों की जन-परिषदों के सदस्य सार्वजनिक कार्यों में आगे होकर हिस्सा लेते हैं। जन-समस्याएँ सुलझाते हैं, माह में एक-दो दिन श्रमदान करते हैं।

28 मई

आज विदेशी विशेषज्ञों को थेनचिन (चीन का तीसरा बड़ा औद्योगिक शहर) ले जाया गया। थेनचिन में तीव्रगति से विकसित होते बंदरगाह शिनकांग के विदेशी पूँजी से निर्मित केबल और बैटरी कारखानों का निरीक्षण करवाया गया। एक बहुत बड़ा व्यापार मेला लगा था, जहाँ सभी प्रांतों के नये-नये उत्पाद प्रदर्शित थे। अन्य देशों के राजदूत और व्यापार-प्रतिनिधि भी मौजूद

थे। उद्घाटन-कर्ता, जन-कांग्रेस के उपाध्यक्ष ने केवल फीता काटा, कोई भाषणबाज़ी नहीं हुई।

मैं चीनियों के आतिथ्य से अभिभूत हूँ। जहाँ कहीं भी जाओ, तरह-तरह की परोसदारियाँ (भोजन परोसने की विधियाँ), आवभगत, उपहार। सिर्फ़ समय का ध्यान ज़रूर रखा जाता है। ख़ासतौर से, उस समय का जब मेहमान बहुत हों और कई जगहों पर उन्हें ले जाना हो। थेनचिन का टीवी टॉवर 415 मीटर ऊँचा है। चोटी पर एक घूमता हुआ रेस्तराँ है जो इतने धीमे-धीमे घूमता है कि एक चक्कर एक घंटे में पूरा होता है। इस रेस्तराँ में बैठकर थेनचिन की अनगिनत छोटी-छोटी झीलों का दृश्य बहुत मनोरम लगता है। थेनचिन नौ नदियों के पेटे में अवस्थित है। पेइचिंग का सबसे नज़दीकी विशाल बंदरगाह यहाँ है। समुद्र-तट थेनचिन से पैंतीस कि.मी. दूर है। यह उत्तरी चीन के निर्यात व्यापार का प्रमुख केन्द्र है। अत्यंत विकसित काउन्टी शिनकांग के दो कारखाने बेहद आधुनिक हैं। दूरसंचार का केबल कारखाना आस्ट्रेलिया के सहयोग से बना है। श्रमिकों की संख्या डेढ़ सौ से ज़्यादा नहीं है, क्योंकि अधिकांश कार्य स्वचालित मशीनों से होता है। इसी तरह जापान, थाएवान की मिश्रित पूँजी से बना बैटरी कारखाना भी बहुत बड़ा है। वहाँ लड़के-लड़कियाँ पूरी मुस्तैदी से बैटरियाँ तैयार करने में लगे थे। किसी भी प्रकार के रासायनिक दूषण से बचने के लिये सबने मुँह पर कपड़ा, लम्बे दस्ताने पहन रखे थे। पूरे औद्योगिक क्षेत्र में सफ़ाई अकल्पनीय थी। पेइचिंग से थेनचिन 145 कि.मी. है। राजमार्ग के किनारे हरे-भरे खेत, और सड़क-सफ़ाई करते सिंदूरी जैकिट पहने श्रमिक बेमिसाल थे। कारखानों का बाहुल्य, पर प्रदूषण बहुत कम। शोर बिलकुल नहीं। चीनी सम्राट कभी समुद्र-तट की सैर करने के लिये पेइचिंग से थेनचिन आया करते थे। वह पुराना शहर तो अब न जाने कहाँ ओझल हो गया है। ऊपर टॉवर से नानचिंग विश्वविद्यालय ज़रूर नज़र आ रहा था, जहाँ चीन के स्वर्गीय प्रधानमंत्री चाउएन लाई ने शिक्षा ग्रहण की थी। भारी-से-भारी कारखाने पहले से ही थेनचिन में मौजूद हैं, लेकिन व्यापार मेले के माध्यम से और अधिक पूँजी निवेश की कोशिशें जारी हैं। थेनचिन के आस-पास फैले ग्रामीण क्षेत्र में नहरों का जाल-सा बिछा है और सब्ज़ी-फल की पैदावार ख़ासी अच्छी है।

29 मई

आज ल्यू हुवे साहिबा मुझे बैंक ऑफ़ चाइना के किंडरगार्टन स्कूल के बच्चों का कार्यक्रम दिखाने ले गयीं। बच्चों के माता-पिता एक जून के बाल-दिवस के उपलक्ष्य में आयोजित होने वाले सांस्कृतिक कार्यक्रम की तैयारियाँ देखने के लिये आमंत्रित थे। सब बच्चे बहुत कम आयु के, नर्सरी कक्षाओं के थे। माता-पिता नाचते-गाते बच्चों की फ़ोटो लेने में व्यस्त थे। एक बहुत सहज, आत्मीय और खुशनुमा वातावरण था। बैंक के डांसिंग हॉल में बच्चों ने कैरोओके की संगत में गीत गाये, नृत्य किया। भारतीय वेशभूषा में भारतीय फ़िल्म की धुन पर किया नृत्य सबको पसंद आया।

चीन में बच्चे ही सब कुछ हैं। उन्हें सबका प्यार मिलता है और उनकी शिक्षा, देखभाल, सांस्कृतिक विकास और स्वास्थ्य की चिंता यहाँ सर्वोपरि है। बाद में सभी अध्यापिकाओं के साथ हमने फ़ोटो खिंचवाईं। नन्हे बच्चों में बहुत जोश था। उनके गाये बाल-गीत अत्यन्त कल्पनाशील और चुलबुले थे। इन गीतों में उनकी खुशियाँ व्यक्त हुई थीं। यहाँ एक गीत का भावार्थ देता हूँ :

हमने मिट्टी का गुड्डा बनाया
मिट्टी की नाक, आँख, मुँह, बाँहें, पेट और टाँगें
हमने बहुत मेहनत की पर यह रहा मिट्टी का माधो ही
निठल्ला, गूंगा, कुछ नहीं कर सकता
लद्द से गिर जाता है
बैठा दो एक जगह तो उठने का नाम नहीं लेता
न सोता है, न खाता है, न कुछ कहता है
अब हम बनायें कुछ ऐसा
जो हिलता, डुलता, खेलता हो हमारे जैसा।

30 मई

आज ल्यू ली छांग गली देखी...कलाकारों, कलादीर्घाओं की विश्वप्रसिद्ध गली। इसे इसके प्राचीन शिल्प में संरक्षित रखा गया है। एक पवित्र शांति, स्वच्छ

प्राचीन सौंदर्य और सुघढ़ता का एकांत इसके चप्पे-चप्पे पर छाया है...लकड़ी की ढलवाँ छतें, बारादरियों में लाख और सोने के काम की चित्रकारी...कोई आधा मील लम्बी इस गली में दुकानें अपनी ऐतिहासिकता और पुरा-सम्पदा समेटे चीनी कला-ग्रंथों, चित्रों, चित्रलिपियों और हस्तशिल्पों से भरी हैं। ल्यू ली छांग आधुनिक बाज़ारवाद और इलेक्ट्रॉनिक संसार के लिये एक अपराजेय चुनौती है। इस संकरी गली के कोनों, मोड़ों पर चीनी कलाकार, लिपिकार बैठ कर काम करते रहते हैं और पर्यटकों को 'लाइव' शो देते रहते हैं। दुकानों में अधिकांश पुस्तकें चीनी लिपि में रखी हैं, जिनका अवलोकन करने के लिये कला-प्रेमियों और शोधकर्ताओं की भीड़ लगी रहती है। ल्यू ली छांग को बने कोई छह सौ वर्ष हुए हैं। इसने चीनी सम्राटों का भव्य संसार जिया है। दरअसल, राजप्रासाद के निकट पुराने पेइचिंग शहर का यह सबसे अधिक दर्शनीय कला केन्द्र रही है, जहाँ चीन के कलामर्मज्ञों, अभिजातों को कलाकारों, लिपिकारों का संग-साथ मिलता था। राज परिवार के सदस्यों को कला शिक्षा दी जाती थी। गली का भीतरी हिस्सा प्राचीनतम गलियारों और संकरी घुमावदार रिहाइशों से भरा है। लकड़ी के घरों की बनावट चीनी परम्परागत शैली में है। यहाँ के कलाकार परिवार साधारण मेहनतकश लोग हैं, जो पर्यटकों की तत्परता से आवभगत करते हैं।

31 मई

अलसुबह एक यूरोपियन महिला कमर से ऊपर तक बिलकुल निर्वस्त्र पेइचिंग की सड़क पर साइकिल चलाती गुज़र गयी। प्रकारान्तर से शायद वह चीनियों को चुनौती देना चाहती होगी कि तुम लोग स्वच्छंद प्रेम व्यापार में एक क़दम और बढ़ो तो जानें? लेकिन यह तयशुदा बात है कि चीनी समाज कभी ऐसी बेहयाई नहीं करेगा। फुटपाथों, पार्कों, बस-स्टॉपों पर प्रेम दर्शाते आलिंगनबद्ध जोड़े तो दिखाई देंगे लेकिन नग्नता, निर्लज्जता नहीं होगी। यूरोप, अमेरिका के लोग एड्स की तरह यह भी यहाँ देखना चाहते हैं। आज ही मेरे अज़ीज़ दोस्त, सरहदी सूबे से आये पश्तो के विशेषज्ञ, असदउल्ला खाँ ने पश्तो के जनकवि खुशहाल खाँ का एक शे'र सुनाया :

ज़ खुशहाल वडूक नयम च-ब-डार-क़लम
प इश्कारा नारे वहम-च-खुला राकड़ा।

(मैं, खुशहाल, इतना छोटा बच्चा नहीं हूँ कि किसी से डरूँ। खुल्लमखुल्ला ऐलान करता हूँ कि उसने मुझे बोसा दिया।)

1 जून

श्री किलिंटन चीन को 'परम-मित्र राष्ट्र' का दर्जा देने में कोताही बरत रहे हैं। बार-बार मानव अधिकार की शर्तों का पालन नहीं करने की बात कर रहे हैं। लेकिन चीन निरन्तर अपना विरोध प्रकट करते हुए घोषित कर रहा है कि इस गतिरोध से चीन को ही नहीं अमेरिका को भी नुकसान होगा। उधर ब्रिटेन हांगकांग के बारे में चीन को उलझाने की पूरी कोशिश कर रहा है। विदेशी पूँजी निवेश के ज़रिये विकसित देश चीन की नयी अर्थव्यवस्था पर हावी होने की कोशिश कर रहे हैं। उन्हें लग रहा है कि भारत जैसे सबसे बड़े लोकतंत्र की अपेक्षा समाजवादी चीन में सेंध लगाकर विश्व का सबसे बड़ा बाज़ार हथियाया जा सकता है।

2. जून

जिनके पास बहुतेरी चीज़ें जुट जाती हैं, वे धीरे-धीरे कृपण होते जाते हैं। ख़ासतौर पर, वे लोग जो मौलिक नहीं होते और सिर्फ़ इन अपनी जुटाई चीज़ों के द्वारा मौलिकता का भ्रम बनाए रखना चाहते हैं...यह बात मैं ऐसे लोगों को ध्यान में रखते हुए कह रहा हूँ जो पुस्तकें खरीदते हैं, उन्हें अलमारियों में बंद करके रखते हैं। शायद वे अपना संग्रह दूसरों को तरसाने के लिए रखते हैं।

कन्फ़्यूशियस *एनालिक्टस* में एक कविता उद्धृत करते हैं : 'चेरी के फूल खिले हैं, मौसम बेहद सुहावना है, पर, प्रिय, दूरी इतनी अधिक है कि मैं तुम्हारे पास आ नहीं सकता।' कन्फ़्यूशियस इस पर टिप्पणी करते हैं कि ऐसे प्रेमी का प्रेम कभी भी सच्चा नहीं हो सकता, क्योंकि वह तो दूरी का ही रोना रो रहा है। कन्फ़्यूशियस प्रेम में विवशता को अस्वीकार करते हुए प्रेम को हर किस्म की विवशता से ऊँचा मानते हैं। लेकिन सच्चाई तो यह है कि प्रेम के सारे महान उच्छ्वास विवशताओं के पार नहीं जा सकते हैं। कन्फ़्यूशियस

ने अपने समय की (551-479 ई.पू.) प्रेम कविता को बहुत सतही, सपाट ढंग से समझने की कोशिश की है।

3 जून

मौसम के साथ-साथ फूलों के गमले बदलने लगते हैं। कुछ गर्मी तेज़ हुई कि गुलाब मुरझाने लगे हैं। देखा, बड़े गमलों में ज़िनिया के छोटे-छोटे गमले रख दिये गये। जेट-फ़ुव्वारों से पेड़ों और लॉन को नहलाया जा रहा है।

चीनी सोच और आचरण पर कन्फ़्यूशियस का गहरा प्रभाव है। चीनी क्रांति के बाद कन्फ़्यूशियसवाद को समाप्त करना साम्यवादी पार्टी के लिये सबसे महत्त्वपूर्ण कार्यभार रहा है। लेकिन फिर भी कहीं-न-कहीं मार्क्सवादी जुझारूपन पर कन्फ़्यूशियस का नीतिशास्त्र हावी रहा है। चीनी बहुत पढ़ाकू और ज्ञानपिपासु हैं। हर जगह पुस्तकों की दुकानों, स्टॉलों पर वे एकाग्रता से पुस्तकें खोजते नज़र आयेंगे। धोबिन बाई तक कपड़े डालने के बाद पुस्तक पढ़ने में व्यस्त दिखाई दी। चीन में पुस्तकों को सुंदरतम वस्तुओं जैसा साज-सज्जा और करीने से प्रदर्शित किया जाता है। पेइचिंग के हाएतियान में बहुत बड़ा बुक-सिटी है। कन्फ़्यूशियस कहते हैं, "वह व्यक्ति जो नित्य नया अध्ययन करता है और निरन्तर अपने अध्ययन का विश्लेषण और परिष्करण करता है वही सच्चा ज्ञानी है।"

हांगकांग सौंपने पर ब्रिटेन-चीन वार्ता का पाँचवाँ दौर है। पहले की ही तरह ब्रिटेन हांगकांग के 94-95 के चुनावों और उनके बाद की प्रशासनिक व्यवस्था के लिये कई शर्तें लगा रहा है। भविष्य में हांगकांग की सुरक्षा और प्रशासनिक व्यवस्था कैसी होगी? ब्रिटेन मामले को उलझाने के लिये सब तरह के दांवपेच खेल रहा है।

चीन में नेता या अफ़सर कोई नहीं बनना चाहता। प्रो. सुन पाओ कांग कहते हैं कि महानिदेशक तक भी बनना कोई पसंद नहीं करता, क्योंकि अधिकारों के साथ-साथ अलग से श्रम की दरकार होती है। वेतन औरों के बराबर होता है, कुछ तुच्छ-से भत्तों को छोड़कर। श्री वांग चिन फंग ने त्यागपत्र दे दिया

है। वे खुलेपन की नीति लागू होने के बाद से अधिक धन कमाने के लिये शाम को ट्यूशन करते हैं। आज काफ़ी थके-थके लग रहे थे। आखिर, एक आदमी कितने घंटे काम कर सकता है?

...प्रो. डहाल (नेपाली विशेषज्ञ) कहते हैं, चीन वस्तुत: एक विकसित देश है। भले ही वेतन और व्यक्तिगत आय कम हो, पर घर व अन्य सुविधाएँ गिनें तो वास्तविक वेतन प्रति व्यक्ति एक हज़ार यूएन प्रति माह बैठता है। मैं इसे नहीं मानता...आम अमेरिकी तीस हज़ार डॉलर प्रति माह कमाता है। चीनी दो कमरों के घर का किराया दस यूएन देते हैं। लेकिन एक समाजवादी व्यवस्था इस अर्थ से अधिक मानवीय और अच्छी है कि उसमें व्यर्थ के सपनों और वर्ग-संघर्षों की ग़ैर-मौजूदगी है। मैंने अपने चीनी मित्रों को कहते सुना है कि नयी पीढ़ी का जीवन बहुत सुखी और प्रेममय है, क्योंकि बच्चों, शिक्षा, घर और नौकरी आदि के लिये उसे कोई विशेष चिंता और संघर्ष नहीं करना है। प्रेम के नश्वर गुण के कारण भले ही प्रेम न बचे पर इस व्यवस्था ने परिवार, स्त्री-पुरुष की अलग-अलग गरिमा, सहज खुलापन और समझदारी ज़रूर संभव की है।

कल थेयनानमन में हुए छात्र विद्रोह की बरसी है। पिछले दो सप्ताह से पेइचिंग में बहुत चौकसी बरती जा रही है। रेंथा (पीपुल्स यूनिवर्सिटी) और पेता (पीकिंग यूनिवर्सिटी) के गेटों पर भारी पूछताछ और छानबीन होती है और बिना प्रवेश कार्ड के किसी को भी प्रवेश की अनुमति नहीं है। लेकिन ऊपरी तौर पर चारों तरफ़ सब सामान्य लगता है। थेयनानमन की उथल-पुथल के उन दो-तीन दिनों में भी शहर शांत था। थेयनानमन के अलावा कहीं कोई ऊधम नहीं हुआ था। अब हालात दूसरे हैं। खुलापन है और चीनी जन युवा संगठनों की सत्ता में पैठ अधिक हो गयी है। जब तक किसानों और श्रमिकों पर चीन की कम्युनिस्ट पार्टी की पकड़ मज़बूत है, उसे किसी भी अन्य वर्ग से ख़तरा नहीं है। तिब्बत के बारे में चीन बहुत दृढ़ है और दलाईलामा के प्रत्येक बयान और दलील को बेहूदा हरकत कहकर खंडन करने के लिये कृत-संकल्प है। आज भारत की एक ख़बर छपी है *चाइना डेली* में। इसमें भाजपा को हिन्दू पार्टी कहकर सम्बोधित किया गया है। मुख्य पृष्ठ की इस ख़बर की इस सुर्ख़ी का शीर्षक था : 'हिन्दू पार्टी के एक प्रमुख कार्यकर्ता की बम्बई में हत्या।'...प्रो. सुन पाओ कांग कहते

हैं, "हिन्दी का भविष्य चीन में अंधकारमय है, क्योंकि भारत में ही हिन्दी को कोई नहीं पूछता। भारतीयों से हिन्दी में बात करो तो वे अंग्रेज़ी बोलने लग जाते हैं।" बता दूँ कि प्रो. सुन पाओ कांग चीन में हिन्दी के मूर्धन्य चीनी विद्वान हैं। श्वेन त्सागं और प्येन ची की *'महा थांग राजवंश काल में पश्चिम की तीर्थयात्रा का वृत्तान्त'* क्लासिक पुस्तक का हिन्दी अनुवाद प्रो. सुन पाओ कांग, प्रो. छन चुंग रुंग और प्रो. छन ली शिंग की विद्वता के कारण ही संभव हो सका है।

4 जून

जिन्हें मैं अविवाहित युवतियाँ समझता था, वे सब तो विवाहित निकलीं...एक-एक संतान की माँएँ और संतानें भी छह-सात बरसों कीं। हान जाति की उम्र का पता नहीं चलता। सात बहनों वाले गुलाबों के पास से गुज़रूँगा तो हो सकता है वे भी सातों की सातों विवाहित हों।

5 जून

अचानक वर्षा उमड़-घुमड़ कर आयी। ठीक वही समय जब हांगकांग से विमान पेइचिंग पहुँचता है। देवदारों की पत्तियाँ नहा कर चिकनी चमकदार हो गयी हैं। पूरे खिले गुलाब जो कल तक शायद धीरे-धीरे झड़ते काल-कवलित हो गए। बिजली की गर्जना होती है तो भयभीत होता हूँ। चीन अत्यधिक प्राकृतिक आपदाओं से ग्रस्त देश है। पेइचिंग में हवा का उत्पात कुछ ज़्यादा ही है...सूखी, झिंझोड़ती हवा। शायद इसीलिए पेइचिंगवासी चेहरों को ढँके रहते हैं—हाथों में लम्बे दस्ताने, सिरों पर स्ट्रॉ हैट, छतरियाँ, टोपियाँ आदि। पर युवतियों की टाँगें घुटनों के ऊपर तक नंगी हैं, जिन पर लम्बे काले स्टाकिंग्स और बेहद नुकीली हीलों पर ठक-ठक करती हुई तेज़ चाल...। हवा और तूफ़ान नहीं हो तो वर्षा का आनन्द लिया जा सकता है, क्योंकि कहीं भी गंदगी जमा नहीं होती है। बूँदी के चौमुखे का मलबे-कचरे का रेला याद आता है। बाशा इस वक़्त क्या कर रहा होगा? बेटियाँ कैसी होंगी? जब वर्षा होती है तो वहाँ का मौसम याद करता हूँ। बिजली चमकने पर उनकी चिंता होती है...कैसे अक्सर ऐसे वक़्त में कमरों की खिड़कियाँ बंद कर देता था, पर्दे डाल देता था...आईने को भी चादर से ढँक देता था। कल्पना कहती,

मैं बहुत डरता हूँ और जब अचानक कौंध लपक कर काँच से भीतर घुसती तो वह मुझसे चिपक जाती। वहाँ ऐसी घनघोर वर्षा में जैत सागर की छतरी पर या जंगल के घुमड़ते नालों को पार करते हुए 'राग दुर्गा' गुनगुनाता था... वही भातखंडे जी की चिरपरिचित बंदिश: ''सखी मोरी रूमझूम बदरवा गरजे बरसे।'' 'दुर्गा राग' में दुर्गा की सिंह पर सवारी का रौद्र और गति है। जंगल में भय दूर हो जाता है और समस्त रक्तवाहिनियों में शक्ति संचारित होती है। त्रिताल की इस बंदिश में दुर्गा के त्रिशूल घोंपने जैसी क्रियात्मक लयकारी है।

6 जून

भारत से कल गिरधर राठी आए हैं। पाँच भारतीय लेखकों का यह शिष्टमंडल सांस्कृतिक आदान-प्रदान के तहत चीन आया है। भिन्न-भिन्न भारतीय भाषाओं के प्रतिनिधि लेखक हैं। राठी जी हिन्दी के प्रतिनिधि हैं। श्री अनन्तमूर्ति इस दल के अगुआ हैं। ये लोग दुखी थे कि उनसे चीन स्थित भारतीय दूतावास ने सम्पर्क नहीं किया। शायद भारतीय लेखकों को पता नहीं है कि चीनी समाज अंग्रेज़ी बोलने और अपनी मातृभाषा के बजाय अंग्रेज़ी बघारने वालों को बिलकुल पसंद नहीं करता है। यहाँ चीन में सभी भारतीय भाषाओं के दुभाषिये उपलब्ध हैं, लेकिन भारतीय लेखक दल ने अंग्रेज़ी का दुभाषिया ही चाहा है। भारत आए चीनी प्रतिनिधि चीनी में ही बोलते हैं। हिन्दी के दुभाषिए का ज़्यादा काम नहीं होता, क्योंकि भारतीय मंत्री, अधिकारीगण अंग्रेज़ी बोलते हैं। मैं अपने चीनी मित्रों से जब कहता हूँ कि चीन में हिन्दी जानने वालों की संख्या बढ़नी चाहिए और चीन के विश्वविद्यालयों के हिन्दी विभागों में हिन्दी के छात्र-छात्राएँ अधिक संख्या में होने चाहिएं, तो दो टूक जवाब मिलता है, ''जब भारत में ही हिन्दी का सम्मान और लोकप्रियता घटती जा रही है तो चीन में ऐसा कैसे संभव हो सकता है? हिन्दी भाषी चीनियों को भारत में काम मिलने की उम्मीद होती तो शायद नौकरियाँ पाने के लिए बहुतेरे चीनी हिन्दी सीख लेते।''

7 जून

बहुत से अमेरिकी शोधकर्ता ल्हासा जा रहे हैं। फुलब्राइट स्कॉलरशिप के अन्तर्गत। तिब्बत को लेकर विकसित देश चीन को घेरने में लगे हैं। तिब्बती

पुस्तकें, दलाईलामा की आत्मकथा और अन्य विवादास्पद साहित्य अमेरिकी स्टोरों और दूतावास में उपलब्ध है। पिछले दिनों तिब्बत में प्रदर्शन हुए और पाश्चात्य मीडिया ने इस मुद्दे को उछालने की भरसक कोशिश की। बाज़ार में यूएन गिरता जा रहा है और डॉलर की कीमत बढ़ती जा रही है। लेकिन इसका कारण चीन की निजीकरण और खुलेपन की नीतियाँ ही नहीं हैं। हो सकता है कि चीन के आयातक और उद्यमी व्यापार शुरू करने के लिये डॉलर कमाना चाह रहे हों ताकि विदेशी कच्चा माल और अन्य उपकरण मँगाए जा सकें। महँगाई का प्रभाव कोई विशेष नज़र नहीं आता। बाज़ार वैसे के वैसे भीड़ भरे हैं और बसों, ट्रेनों के किराये में वृद्धि नहीं हुई है। चीनियों की उपभोग-क्षमता निरन्तर बढ़ रही है। सम्पन्न होने की लिप्सा और कन्फ़्यूशियसवाद में परस्पर द्वन्द्व ज़रूर नज़र आता है।

8 जून

बागों में कलहप्रियाओं (कोयलों) की कूकें हैं। कई दिनों से चील जैसा विशाल बाज़ का वह जोड़ा दिखाई नहीं दिया जिसके बारे में रिचर्ड (अमेरिकी विशेषज्ञ) ने बताया था कि देवदार की धुर टिगुली पर वे घोंसला बना रहे हैं। मैं तो बस नौकरी और भोजन जुटाने में लगा हूँ। बाकी समय इस जर्जर देह को सँभालने में चला जाता है। पता नहीं कब पूरी फ़ुरसत मिलेगी। इधर-उधर मन भटकता है और कभी-कभी, अकेलेपन का खाया मैं, टकटकी लगाये एक ही दिशा की ओर देखता रह जाता हूँ। क्या यह स्कीज़ोफ्रेनिया (एक प्रकार का पागलपन) की शुरुआत है?

कल *चाइना पिक्टोरियल* के उर्दू अंक के सम्पादक श्री चांग की शायरी सुनने का अवसर मिला। अत्यन्त मृदुभाषी, आत्मीय और सहज हैं चांग। वे उर्दू पर अच्छा अधिकार रखते हैं और मुशायरों में चीन से बाहर भी शिरकत करते रहते हैं।

9 जून

पश्चिम का मीडिया लगातार दो बातों का अधिक प्रचार करने में व्यस्त है :

1. सम्प्रति रूस की दयनीयता, वहाँ की जनता के कष्ट और येल्तसिन की

वहाँ के साम्यवादियों को कुचलती हुई लोकप्रियता।

2. चीन में 'मानव अधिकारों का तथाकथित हनन।'

आज बीबीसी ने कुछ चीनी तस्करों के अमेरिकी बंदरगाह पर पकड़े जाने की ख़बर विस्तार से बतलायी। हो सकता है, ये तस्करी करते युवा चीनी मूल के हों, लेकिन हांगकांग, थाएवान या मकाओ के भी तो हो सकते हैं। इन्हें चीनवासी कहना या अंग्रेज़ी में चाइनीज़ कहना एक भ्रामक कुटिलता है।

...श्री वांग चिन फंग कहते हैं, उन्हें यह नौकरी वक़्त नहीं देती कि वे कोई नया व्यापार कर सकें। देखते-ही-देखते उनके कई छात्र लखपति हो गये और अब बड़े-बड़े धंधों के मालिक या मैनेजर हैं। लेकिन चाहते हुए भी श्री वांग यह नौकरी नहीं छोड़ सकते, क्योंकि पचास वर्ष के होने से पूर्व यदि वे ऐसा करते हैं तो उन्हें काफ़ी रकम रेडियो विभाग को देनी होगी। अतः वे पचास का होने का इन्तज़ार कर रहे हैं।

सम्पन्नता के लिये वर्ग-संघर्ष शुरू हो चुका है। अब पीछे नहीं लौट सकते और इस भागदौड़ में सिर्फ़ सरकारी कर्मचारी ही घाटे में हैं...वांग की राय में। चीनी कम्युनिस्ट पार्टी, बिना समाजवाद के विघटन के, रूस के उलट पूँजीवादी बाज़ार व्यवस्था लाना चाहती है। यह चीनी विशिष्टताओं से परिपूर्ण व्यवस्था होगी, जिसमें व्यक्तिगत नैतिकता, कम्युनिस्ट नैतिकता को बरकरार रखा जायेगा और सभी नीतिगत निर्णयों पर पार्टी का एकाधिकार होगा।

पाश्चात्य पूँजीवादी धुरंधरों के लिये चीन एक अत्यन्त पेचीदा देश है। जिसे न तो निगलते ही बन रहा है और न उगलते ही।

आज ब्लादिमीर ने कहा, ''चीनी बच्चों के जन्मने की भी योजना बनाते हैं। शायद इसीलिए वसन्त में ही अधिक गर्भवतियाँ दिखायी देती हैं। बच्चों को तो पैदा होना ही है। एकल-शिशु परिवार के लिये इससे अधिक महत्त्वपूर्ण घटना कुछ नहीं हो सकती।''

11 जून

चाइना डेली में सरकार के एक अधिकारी का भ्रष्टाचार के बारे में बयान आया है। रिश्वत, भ्रष्ट आचरण, गबन, सत्ता दुरुपयोग और अपयोजन के अब तक कुल एक लाख तिहत्तर हज़ार मामलों में से छह हज़ार मामलों की

जाँच-पड़ताल पिछले चार महीनों में पूरी हो चुकी है। कोई पाँच हज़ार से अधिक लोगों पर मुक़दमा चल रहा है। गबन किये एक सौ अट्ठावन मिलियन यूएन वसूले जा चुके हैं। 'आर्थिक अपराधों से सख्ती के साथ निपटा जायेगा'—इस ख़बर से पता चलता है कि खुलापन जैसे-जैसे आया है, वैसे-वैसे आर्थिक अपराध बढ़े हैं। खुलेपन के कारण नवीन व्यापार व्यवस्थाओं और आर्थिक अपराध जैसे रिश्वत, कमीशनखोरी, उपहार आदि में भेद करना दिनोंदिन कठिन होता जा रहा है। लेकिन स्वस्थ आर्थिक विकास और भ्रष्टाचार साथ-साथ नहीं चल सकते। अन्य देशों की पूँजीवादी मिश्रित अर्थव्यवस्था में भ्रष्टाचार एक स्वीकार्य सत्य है और एक प्रकार से, विकास की गति तेज़ करने के लिये अनिवार्य शर्त भी है। लेकिन चीनियों के लिये यह ज़्यादा समय तक गले नहीं उतर सकता। इसके कारण सत्ताधारी पार्टी का अस्तित्व खतरे में पड़ सकता है। शायद इसलिए खुलेपन के अर्थशास्त्र के साथ-साथ कठोर दंड व्यवस्था का विधान भी किया गया है। मसलन, पैंडे की खाल बेचने वाले चार शिकारियों को सीधा मृत्युदंड भी दिया जा चुका है। यानी गोली मारने का दंड। कठोर दंड का भय ही अब शायद चीनी समाज को भ्रष्ट होने से बचा सकता है।

13 जून

चीन सरकार लोगों में निरामिष और सामिष भोजन करने के बीच एक संतुलन बनाने की कोशिश कर रही है। जनता के भोजन की विविधता को इस प्रकार नियंत्रित किया जायेगा कि अनाज, मांस और जलीय जन्तुओं के उपभोग में संतुलन रहे। यह कार्य, कृषि मंत्रालय के सुपुर्द है। वह हानिकारक भोज्य-सामग्रियों पर प्रतिबंध लगाता है और अनाज व फल-सब्ज़ी की प्रचुर उपलब्धता की देखरेख करता है। मांस-मछली के उत्पादन में भी यथासंभव वृद्धि रखता है ताकि हर किसी को संतुलित आहार मिल सके। उम्मीद है कि सन् 2000 तक 520 मिलियन टन अनाज, 39 मिलियन टन मांस, 15 मिलियन टन अंडे, 9 मिलियन टन दूध, 18 मिलियन टन जल-जीव, 33 मिलियन टन फल और 156 मिलियन टन सब्ज़ियाँ चीनियों को चाहिए होंगी। चावल या दूसरे अन्न के साथ अस्सी प्रतिशत सूअर का मांस चाहिए। सबसे ज़्यादा अन्न से बनी शराब का सेवन होता है। इससे कुपोषण भी बढ़ रहा है।

काश, ऐसी ख़बरें भारतीयों के भोजन के बारे में भी आतीं। बीस यूएन में एक किलो मांस मिलने पर भी चीनी बिना मांस-मछली के नहीं रह सकते। लेकिन शारीरिक परिश्रम, व्यायाम और खाने-सोने की नियमितता का दृढ़ता से पालन करते हुए वे काफ़ी स्वस्थ हैं।

14 जून

बगल के कमरे में दो महिलाएँ रहती हैं, एक जर्मन, औका और दूसरी, उससे कम उम्र अमेरिकन, डायना। रात देर से लौटती हैं। खुसुर-फुसुर होती है...अचानक एक रात बत्तियाँ गुल करके डायना बाहर निकली तो पता चला कि वह फ़ोटो डेवलपिंग कर रही थी और औका भीतर के कमरे में चित्र बना रही थी। दोनों शराब भी खूब पीती हैं। नशे में नाचती हैं। बहुत किताबें भरी थीं उनके कमरे में। *बीजिंग रिव्यू* में काम करती हैं। दोनों देर रात तक जागती हैं और सुबह देर तक सोती हैं। आज रात 12 बजे दो जर्मन आए और रात भर पार्टी चलती रही। उनके और मेरे बीच में एक दीवार है, एक बहुत लम्बी दीवार...जब वे जागती हैं, मैं सोता हूँ और जब मैं उठता हूँ तो वे सोयी रहती हैं।

कल रहमान साहब (उर्दू विशेषज्ञ) पाकिस्तान चले जायेंगे। बराकात साहब (*चाइना पिक्टोरियल,* उर्दू) भी तीन माह बाद जाने वाले हैं। ये दोनों मेरे हमवतनी ही तो हैं यानी एक जिस्म के जुदा दो हिस्से। रंग-ढंग, तहज़ीब-तमीज़, बोली-बानी में कोई फ़र्क नहीं है। एक ने मुझे यहाँ आते ही आटा, नमक वगैरह मुहैया करवाया, तो दूसरा अब जाने से पहले ढेरों मसाले, बेसन, अमचूर वगैरह दे गया है। ज़ाहिर है, मेरी रसोई में इन सबका स्वाद और रंगत भारत से लाये मेरे दूसरे जिन्सों से अलग नहीं है। कराची का शुद्ध बेसन नसीब हुआ तो मैंने पकौड़ियाँ बनायीं और हम सबने उनका लुत्फ़ लिया। अब जबकि रहमान साहब जा चुके होंगे, ये मसाले मेरे चीनी प्रवास में उनकी याद को खुशबूदार, ज़ायकेदार बनाते रहेंगे। मसालों में उनकी कही बातें—चटखारे लेती रहेंगी। यहाँ आने पर सबसे पहले नमक की ज़रूरत हुई, वो बराकात साहब ने दिया। फिर जब मेरा लाया आटा ख़त्म हो गया, तो कोई पाँच किलो आटा दे गये। ब्लादिमीर (रूसी विशेषज्ञ) ने मुझे मैंथो दिया था। जुरेख़ा (मलेशियन विशेषज्ञ) की विदाई पार्टी में हम सब अपने-अपने देश

के व्यंजन बनाकर पहुँचे थे। उस वक़्त कोई 30 देशों के अलग-अलग व्यंजन थे। जब तक संस्कृतियाँ इस तरह अपने वैविध्य में एकाकार नहीं हो जातीं तब तक इस भूमंडल में एक-दूसरे का प्रेम पाने के लिये हम भटकते रहेंगे—

अगर तुम मुझे प्यार करते हो
तो मेरे बँधे हुए हाथों को आज़ाद कर दो
मैं लिख रहा हूँ और इस वक़्त
मेरे आगे पड़ती मेरी परछाईं में
नयी पीढ़ियाँ अपनी मुट्ठियाँ खोल रही हैं।
अगर तुम मुझे प्यार करते हो
तो जब मैं जागूँ तुम सोओ नहीं
और जब पकौड़ियों के कुरकुरी होने की खुशबू आने लगे
तुम तश्तरी लेकर दौड़ते हुए आओ
और जब मैं कोई सस्ती कमीज़ खरीदते वक़्त
खुश हो रहा होऊँ
तुम मेरा हाथ दबाते हुए कहो
आज का दिन बहुत अच्छा है।

15 जून

श्री अनंतमूर्ति पहले भी थेयनानमन की घटना के समय यानी 4 जून के आस-पास चीन आये थे। तब दो दिन बाद ही उन्हें भारत लौटना पड़ा था। इस बार भी भारतीय लेखक-दल ठीक 4 जून को चीन आया है, जिसका नेतृत्व श्री अनंतमूर्ति कर रहे हैं। उनके मन में चीन को लेकर अनेक शंकाएँ हैं। वे जानना चाहते हैं कि किस तरह तिब्बत में चीन सरकार निरंकुश ढंग से शासन कर रही है? माओ की प्रतिमा को पेता (पीकिंग विश्वविद्यालय, जहाँ माओ लाइब्रेरियन के पद पर रहे) से क्यों हटाया गया? क्यों चीनी इतने कृतघ्न हो गये हैं? क्या यह खुलापन और सुनायी दे रहा भ्रष्टाचार का शोर चीन को दूसरे देशों की ही तरह पूँजीवाद के मार्ग पर घसीटकर नहीं ले जायेगा? लेकिन सारी बातचीत में, सिवाय श्री भालचन्द्र नीमाड़े के, चीन के प्रति सकारात्मक और शंका रहित रुख़ के, मुझे भारतीय लेखक बंधुओं का चीन को समझने का ढंग नकारात्मक और पूर्वाग्रहों से ग्रस्त लगा। सारा ज़ोर 'मानवाधिकारों' पर था और ठोस धरातल पर

भारतीय व्यवस्थाओं से तुलनात्मक अध्ययन करने का अभाव था। यह शायद एमनेस्टी इन्टरनेशनल का प्रायोजित टुअर था। वैसे भी, इतने हवा-हवाई, हाई-फ़ाई और मैंडरिन भोजन-भक्षण के बीच-बीच में चीन को देखना, समझना स्वप्न देखती मंटो की नायिका का प्रलाप मात्र है : ''खोल दो-खोल दो...''

चीन एक अद्भुत, अप्रतिम ड्रेगन है जिसे हांगकांग, तिब्बत और मानवाधिकारों की हिमायत लेने के नाम पर गरियाया जा रहा है। भारतीय लेखक चांगसू प्रांत के नगर सूज़ो के बग़ीचे देखकर अभिभूत थे। ऐसी प्रकृति सहेजने की परिकल्पना चीन में कमोबेश सर्वत्र मौजूद है—कहीं भी अराजकता, बिखराव और बदहाली, निठल्लापन दिखायी नहीं देता। जो कुछ प्रकृति और मनुष्यता के साहचर्य से संभव हुआ है उसे दृढ़ता से काबू में रखने की संकल्प-शक्ति है।

उस रात देर तक नीमाड़े और गिरधर राठी सिन्चियांग से आये किसानों से फुटपाथ पर लगे रेस्तराँ में बैठकर बातें करने से बहुत मुतमईन हुए। जहाँ भोलापन, मेहनत, भविष्य के सपने और सुरक्षा हो वहाँ भला किसे अच्छा नहीं लगेगा...

16 जून

कल शाम विशाल पत्थरों के ढेर पर महोक पक्षी का जोड़ा देखा। मैं नीचे काफ़ी पास तक चला गया, लेकिन वे बिलकुल भी शंकित नहीं हुए। न हिले। शाम का गहराता हुआ अँधेरा था, शायद इनकी नज़र इतनी तेज़ नहीं होती है। ये परिंदे ऊँचे देवदार की चोटी पर खुले में अपना घोंसला बनाते हैं। इन्हें पिंजरो में बिकते नहीं देखा कभी। जबकि पिंजरों में छोटी-छोटी गिलहरियाँ, सफ़ेद चूहे लिये बैठे रहते हैं फुटपाथ पर ग्रामीण चीनी भाई। गिलहरियाँ जालीदार पिंजरों में घूमती हुईं, ऊपर-नीचे चढ़ती-लुढ़कती रहती हैं। देखा, एक चीनी हल्की बूँदाबाँदी में सफ़ेद खरगोश लिये बैठा है, तो दूसरा पिल्ले बेच रहा है। चीनियों में प्राणियों के लिये प्रेम है, पर दया-करुणा का भाव कहीं नहीं है।

17 जून

माला का रहस्य पता नहीं चल सका। मैंने आज उसे बाज़ार से खरीदकर पेस्ट्री देनी चाही। मेरी अँगुलियाँ मलाई में सन रही थीं डिब्बे से निकालते

वक़्त, लेकिन न जाने क्यों उसने लेने से मना कर दिया। ऊपर से किसी के उतरने की आवाज़ ज़रूर हुई थी। फिर मैं चल दिया। सीढ़ियाँ चढ़ रहा था कि पीछे से उसने पुकारा, ''सहच्छियन।'' अब 'नी हाव्' और 'सहच्छियन' के अलावा कुछ भी नहीं है हमारे बीच।

वह बूढ़ा ठेलेवाला जिससे मैं अक्सर दुपहर में दही की लस्सी पीता हूँ...शायद वही एक व्यक्ति है पेइचिंग में जो मुझे देखकर बहुत खुश होता है। वह बड़े जतन से ठंडी से ठंडी लस्सी का गिलास निकाल कर देता है। मैं जब अस्वस्थ होने की वजह से कई दिनों तक उसके पास लस्सी पीने नहीं जा पाता हूँ, तो शायद वही होगा जो मेरे लिये चिंता करता होगा।

इस सुन्दर, गौरवर्ण, तिरछी आँखों वाले, नंगी टाँगों वाले, गुलाबी गालों और काले खुले घुँघराले बालों वाले, लम्बी नुकीली हीलों पर सुनहरी पेटियाँ, झालरें बाँधे कटि-कटावों से थिरकने वाले देश में भी याद आता है अपना देश। मैं उसकी भोली, बदहाल, मटमैली, उनींदी, ठस्स और हर प्रगति के लिये निरपेक्ष, निश्चिंत ज़िन्दगी को बेहद प्यार करता हूँ और रोता हूँ।

18 जून

जब चीन शत-प्रतिशत साम्यवादी था और लोहे की दीवार के भीतर क़ैद था तब भी चीन के प्रति शंकालु लोगों की कमी नहीं थी। वे इसके कार्यकलापों, नीतियों पर शक करते थे, इसकी निरंकुशता और आत्मकेन्द्रितता की तीखी आलोचना करते थे। शायद ये वही लोग हैं जो कह रहे हैं, चीन में यह क्या हो रहा है? इतने खुलेपन और मूल्यहीनता की चीन से उम्मीद नहीं थी। तंग स्याओ फिंग कहते हैं, ''विज्ञान, टैक्नोलॉजी और आर्थिक सम्पन्नता का कोई वर्ग नहीं होता।'' यानी वर्गविहीन समाज और इन क्षेत्रों की प्रगति में कोई अन्तरविरोध नहीं है। इसीलिए पाँच विशिष्ट आर्थिक क्षेत्र (सेज़) बनाये गये हैं, जिनके माध्यम से चीन समस्त भौतिक प्रगति के शीर्ष पर होगा। अगर लोग राष्ट्रीय उत्पादों के निर्यात करने की स्थिति में पहुँच जाते हैं तो यही उनकी प्रगति और सम्पन्नता की पहचान होगी। लेकिन इसके साथ तंग स्याओ फिंग

अपने चार बुनियादी सिद्धांतों पर भी दृढ़ता से अमल चाहते हैं, यथा,

1. समाजवादी राष्ट्र व्यवस्था।
2. पार्टी का सम्पूर्ण नियंत्रण।
3. सर्वहारा का अधिनायकत्व।
4. मार्क्स-लेनिन-माओ की विचारधारा का अक्षरशः पालन।

19 जून

आज चीनी टीवी पर माओ त्ज़ेतुंग पर एक फ़िल्म दिखायी गयी : 'माओ और उनका बेटा।' माओ का अत्यन्त मानवीय, संवेदनशील रूप चित्रित किया गया। उनके आवास और वास्तविक जीवन को बहुत सजीव ढंग से फ़िल्माया गया। कोरिया युद्ध में माओ के बड़े बेटे की मृत्यु हो गयी थी। जब माओ को यह समाचार मिला तो वे अपना होश खो बैठे। कई दिनों तक शोकाकुल रहे, रोये और अपने इस असहनीय शोक में उन्होंने खुद को कमरे में बंद कर लिया। उन्होंने सबसे मिलना बंद कर दिया। बस, कभी-कभार, उनकी पुत्रवधू, जिसे यह ख़बर सुनाने की हिम्मत माओ नहीं जुटा पा रहे थे, आती तो वे अपना दुःख पीकर रह जाते। चीन की स्वतंत्रता के बाद चांग काईशेक द्वारा ढहाये ज़ुल्मों पर आधारित नाटक देखते हुए उन्हें एक नन्ही लड़की की भूमिका बेहद पसंद आयी। उसकी माँ से बात करने पर पता चला कि उसका पिता भी युद्ध में मारा गया था। माओ ने उस लड़की को अपनी बेटी स्वीकार कर लिया और बाद में यही उनकी पुत्रवधू बनी। माओ को फ़िल्म में बिलकुल साधारण मनुष्य चित्रित करने के साथ-साथ राष्ट्रीय संकट के समय एक दृढ़संकल्पी और तुरन्त निर्णय लेने वाला नेता भी दिखाया गया। शायद यह पहली फ़िल्म थी जिसमें माओ को एक साथ पिता, ससुर, साथी और स्नेहिल नेता के रोल में चित्रित किया गया। एक दृश्य में माओ बग़ीचे में कविता गुनगुनाते हैं तो अन्य दृश्यों में खाने की मेज़ पर हास-परिहास करते हैं, अपने सेवक के आँसू पोंछते हैं, अपने बेटे के बचपन की स्मृतियों में खो जाते हैं। स्वतंत्रता के बाद चीन में मौजूद गरीबी और बच्चों की दुर्दशा पर पछताते हैं और इस सबके लिये अपने को दोषी समझते हैं। लेकिन पूरी फ़िल्म में केवल एक बार माओ के साथ उनकी पत्नी को कुछ पलों के

लिये दिखाया गया, वो भी औरों से परिचित होते हुए। ज़ाहिर है कि फ़िल्म सांस्कृतिक क्रांति के प्रति चीनियों के मन में मौजूद नफ़रत का सम्मान करती है और माओ के जीवन की इस बड़ी गलती को गोल कर जाती है। यानी, इतिहास के सच की अधूरी व्याख्या करती है। वैसे, फ़िल्म में माओ की पुत्रवधू के सशक्त रोल के आगे पत्नी की अनुपस्थिति ज़्यादा खलती नहीं है। फ़िल्म की गति बहुत धीमी है और बीच-बीच में संगीत शोक और तनाव को गहराने का माध्यम है। नवविवाहित बेटे को युद्ध में भेजते वक़्त के निर्मम माओ बाद में अत्यन्त भावुक, शोकग्रस्त और विक्षिप्त-से पिता हो जाते हैं। बेटे के साथ उनकी स्मृतियों के फ़्लैश-बैक असीम दुःख के शोकगीत से लगते हैं। माओ की दिनचर्या के अनेक ग्राफ़िक्स फ़िल्म की संरचना में माओ के सामान्य आदमी होने को प्रभावी ढंग से प्रमाणिक बनाते हैं। मसलन, बच्चों को सेब खिलाते हुए, लिखते वक़्त ठंडे फ़र्श पर पाँव थिरकाते हुए, गुस्से में फेंकी प्लेट के टुकड़े फ़र्श पर से बीनते हुए, टीवी पर युद्ध की फ़िल्म देखते हुए, किसान स्त्री की झोंपड़ी तक जाते हुए और अपनी टँगी तस्वीर हटाते हुए, अपने दिवंगत बेटे के बचपन की फ़ोटो तह किये बस्ते में से निकालते हुए...।

...चीन में अब माओ का इतना सम्मान नहीं है। नयी पीढ़ी में तो बिलकुल ही नहीं है। माओ के बंद गले के नीले कोट अब कहीं नज़र नहीं आते। माओ के सैनिक बूढ़े होकर अब खुद-ब-खुद पीछे हट गये हैं और अपने युवा बेटे-बेटियों से कहते हैं, ''हमारी तरह मत करना। हमने इतना त्याग और सादगीपूर्ण जीवन बिताया, पर मिला क्या? तुम लोग सम्पन्न बनो और सब कुछ हासिल करो। विचारधारा और आदर्शों के लिये ज़िद करने का वक़्त नहीं है। अमेरिकियों और जापानियों से आगे निकलो।''

20 जून

आज रात अनायास माँ की याद आयी। कोई 9.30 बजे फ़ोन की घंटी बजी। मैंने सोचा यूँ ही कोई फालतू बातचीत के लिये खनखना रहा है। लेकिन बाद में रात भर ख़याल आता रहा कि क्या भारत से माँ बात करना चाहती थी। उसकी—हमेशा रूआँसी आवाज़ सुनता था तो मेरा गला भी रुँध-रुँध जाता

था। वह अब भी मुझे उसी तरह प्यार करती है और मेरी चिंता करती है। सब कुछ बदल गया है, लेकिन माँ से मेरा संबंध बिलकुल नहीं बदला है। उसने हम सबके पास रहना चाहा और चाहा कि हम उसकी आँखों के सामने रहें। पर पिता जहाँ रहना चाहते, वे वहीं रहीं। हम भाइयों और बहन के बीच कभी अधिक प्रेम नहीं रहा। इसका कारण पिता का स्वभाव और नासमझी भरा भेदभाव था। दूसरी बात, कि हममें से किसी ने भी संघर्ष नहीं किया और जैसे-जैसे सम्पन्न होते गये, एक-दूसरे के प्रति और अधिक उदासीन होते गये।

21 जून

आज मैं श्री छन श्यूए पीन के साथ वांग फुचिन बाज़ार गया। वहाँ एक बहुत बड़ी चीनी देसी दवाइयों की दुकान से पेट पर बाँधने की रोग-निवारक पेटी खरीदी। न जाने कौन-कौन सी जड़ी-बूटियाँ हैं इस पेटी के बीच बनी थैली में? चीन के प्राचीन इतिहास में सौ वर्ष तक जीने के लिये और शारीरिक क्षमता बढ़ाने के वास्ते इसे अक्सीर इलाज बताया गया है। विश्वास नहीं होता, किन्तु अपने रोग से दुःखी आदमी झट से अविश्वास भी तो नहीं कर सकता। वहाँ एक बहुत बड़े लम्बाकार शोकेस में कुत्तों की पिछली दो टाँगों के साथ उनके शिश्न रखे थे। मैंने पूछा तो श्री छन श्यूए पीन को शायद कोई उपयुक्त शब्द नहीं सूझा, बोले, ''आपको पता नहीं यह लौड़ा है। इसे बहुत से चीनी अपनी कामशक्ति बढ़ाने के लिये खाते हैं। काफ़ी महँगी दवा है।'' काउन्टर के पीछे लड़कियाँ खड़ी थीं। वे तो हिन्दी के इस अत्यन्त अश्लील शब्द को जानती नहीं थीं। लेकिन उस वक़्त मैं यह बात भूल गया और जब श्री छन ज़ोर-ज़ोर से कई बार यह शब्द बोलते रहे तो मुझे शर्म आने लगी। विचित्र देश है चीन। राजकीय औषध विभाग द्वारा स्वीकृत सभी प्रकार के जानवरों के अंग-प्रत्यंग उस विशाल दवाई-सुपरमार्केट में रखे थे। शराब की बोतल में पूरा का पूरा डूबा हुआ साँप तो देख ही चुका था और बत्तख़ का पेट चीरकर उसमें भरकर चावलों को पकाए जाने के बारे में भी सुन चुका था। किन्तु बाजीकरण-शास्त्र में भी चीन भारत से पीछे नहीं है। किसी ने कथा सुनायी कि एक सम्राट के शासनकाल में पुरुषों को मनोरोग हुआ कि उनके शिश्न गायब हो रहे हैं। तब सम्राट को सलाह दी

गयी कि वे और उनके प्रजाजन कुत्तों का लिंगारोपण करवाएँ। हज़ारों कुत्ते मारे गये और राज्य के उस कामशास्त्री को सर्वोच्च सम्मान दिया गया। चीन में समाजवादी क्रांति के बाद ऐसे सभी प्राचीन कामशास्त्रों के ग्रंथ प्रतिबंधित कर दिये गये। अब खुलेपन के बाद वे फिर से प्रकाश में आने लगे हैं। ज़ाहिर है, खुलेपन का आनन्द हर क्षेत्र में दख़ल रखता है। हान जाति ने शायद यह शास्त्र मान्चुओं से लिया या फिर वे लोग जो शरीर, भोजन, शयन, मदिरापान आदि का इतना ध्यान रखते हों, भला कामकला में क्यों पीछे रहेंगे। सामंतवाद से समाजवादी व्यवस्था की सीधी टकराहट का एक प्रमुख मुद्दा यह भोगवाद भी तो है। भौतिकवाद दोनों ही स्वीकार करते हैं, किन्तु समाजवाद पर्याप्त श्रम के बिना भोग को नकारता है और स्त्री को महज़ उपभोग-वस्तु नहीं समझता।

24 जून

सुबह-सुबह श्रीमती सुनईंग ने मुझे चिपचिपे चावल भेंट किये। आज का दिन चीनियों के लिये विशेष महत्त्व रखता है, क्योंकि यह कवि शू यूएन की बरसी का दिन है। उन्होंने आज के दिन मिलो नदी में डूबकर आत्महत्या की थी। चीन के लोग उस कवि की याद में आज चिपचिपे चावल पकाते हैं, जिन्हें वे शक्कर के साथ खाते हैं। कवि की व्याकुल आत्मा और मछलियों को खिलाने के लिये ऐसे पके चावल नदी में डाले जाते हैं। दीदी सुनईंग की इस भेंट से मैं भी चीनियों की अपने प्रिय कवि को याद करने की परम्परा से जुड़ गया हूँ। शू यूएन (340 ई.पू.) को श्यू सम्राट ने ग़लतफ़हमी के कारण देश निकाला दे दिया था। उन्होंने अपनी प्रताड़ना और उपेक्षा के दुख का वृत्तान्त अपनी सुदीर्घ कविता "ली स्याओ" (शोकगीत) में किया है। वे अपने जीवन का अंत करने से पहले अपनी जन्मभूमि, उसकी प्रकृति और लोगों को मार्मिक वेदना के साथ याद करते हैं। उनकी आत्महत्या के बाद सम्राट और प्रजाजन गहन पश्चाताप में डूबे रहे। मुझे याद नहीं पड़ता कि भारत में जापान और चीन की तरह किसी कलाकार, कवि, बौद्धिक की आत्महत्या राष्ट्रीय शोक का कारण बनी हो। शायद ही किसी कवि की मृत्यु के वरण का उत्सव मनाया हो और उसे महान उत्सर्ग के रूप में याद किया गया हो। आत्मा को संतुष्ट

करने के लिये व्यंजन बनाने, भेंट करने का यह श्राद्धकर्म भारत से कितना मिलता-जुलता है। लेकिन एक कवि के लिये राष्ट्रीय स्तर पर यह श्राद्धकर्म चीन में अनोखा ही है। आज घर लौटकर सबसे पहले इन चिपचिपे चावलों को खाऊँगा। दीदी सुनईंग आपको कोटि-कोटि धन्यवाद!

28 जून

अगर सरकार आपसे कहे कि अपना काम जल्दी निपटाकर यह टिकट लो और फ़िल्म देख आओ, तो भला फ़िल्म का नाम जाने बिना प्रो. सुन पाओ कांग की तरह सब काम जल्दबाज़ी में पूरे करके, दुपहर की नींद में कटौती करके कौन नहीं फ़िल्म देखना चाहेगा। हाँ, अगर रेडियो के कर्ताधर्ता आपको कहीं मिल जाएँ तो उनसे यह ज़रूर कहिए कि विदेशी विशेषज्ञ भी चीन आने से पहले फ़िल्में देखा करते थे। उन्हें फ़िल्म देखने से कोई परहेज़ नहीं है। भले ही चीन की कम्युनिस्ट पार्टी उनसे भी फ़िल्म का नाम गुप्त रखे। फ़िलहाल, कार्यकर्ताओं को टिकट दिये गये हैं, नाम खुद-ब-खुद मालूम हो जायेगा।

...एक व्यक्ति अपने जीवन में कितना सौंदर्य सह सकता है, खा सकता है, पी सकता है? मैंने तो अभी तक भारत भी पूरा नहीं देखा। एक झील ही काफ़ी होगी मुझे विक्षिप्त करने के लिये। उसकी गोलाकार मेखला पर बेंत के पानी में डूबते-झूलते वृक्ष होंगे, उसके पश्चिमी छोर पर बहुत बड़ी प्रस्तर नाव होगी। उसके एक किनारे की नन्ही पहाड़ी पर आत्मलीन घना जंगल उगा होगा और ट्री पाई (महालत) का जोड़ा पेगोडा के हरे घटाटोप में अपनी लम्बी काली बादामी पूँछें छिपाता हुआ सर्र-सर्र आवाज़ करता उड़ता होगा। एक डाली से दूसरी डाली नहीं है भारत से चीन आना। फिर भी यहाँ और वहाँ के प्राकृतिक दृश्य एक-दूसरे में घुलमिल कर एक काल्पनिक सृष्टि में मुझे विभोर किये रहते हैं।

...जो फ़िल्म कार्यकर्ताओं को दिखायी गयी उसके नाम और कथा का पता चला...'रिश्वतखोर।' यह एक सच्ची घटना पर आधारित फ़िल्म है। दो चीनी अफ़सर कोरिया पर अमेरिकी हमले के समय वॉलन्टियर बनकर कोरिया जाते हैं। दोनों 1932 में साम्यवादी पार्टी के सदस्य बने थे, किन्तु कोरिया में एक हवाई अड्डे के निर्माण की राशि में से इन्होंने गबन किया और कोरिया

में अपना निजी धंधा शुरू कर दिया। बाद में जब इनकी हेराफेरी का पता चला तो माओ त्ज़ेतुंग ने खुद अपने हस्ताक्षरों से इन्हें मृत्युदंड देने का आदेश दिया। लगभग दो घंटे की फ़िल्म थी। पार्टी द्वारा ऐसी फ़िल्में अपने नेताओं, कार्यकर्ताओं को इस 'रूपांतरण और खुले बाज़ार' के दौर में दिखाने का मकसद साफ़ है। सुनने में भी आ रहा है कि भ्रष्टाचार सिर उठाने लगा है। भ्रष्टाचारियों की सज़ा अब भी उतनी ही सख़्त है। इतिहास की घटना का दृष्टांत देकर वर्तमान में चेतावनी देना पार्टी की एक प्रमुख 'कार्यनीति' है।

29 जून

आज मुझे प्रो. सुन पाओ कांग ने विस्तार से रेडियो में कार्यरत कर्मचारियों के वेतन और अन्य सुविधाओं के बारे में बतलाया। आमतौर पर, चीनी बौद्धिक वर्ग का वेतन 150 से 500 यूएन के बीच होता है। किन्तु ऐसी अनेक सुविधाएँ और भत्ते हैं जिनसे कर्मचारी और उसका परिवार आराम से जीवनयापन करते हैं। वैसे नयी नीतियों और बाज़ार-व्यवस्था द्वारा बढ़ती मुद्रास्फीति के कारण वेतनभोगी सरकारी कर्मचारी असंतुष्ट हैं और विदेशी कम्पनियों में जाने की तैयारी कर रहे हैं। कुछ जोड़तोड़ में लगे हैं, अंग्रेज़ी सीख रहे हैं और जल्द-से-जल्द व्यापार-धंधा खोज लेना चाहते हैं। ख़ैर, सभी लोग सफल नहीं होते। फ़िलहाल, रेडियो में कार्यरत लोगों को वेतन के अतिरिक्त मिलने वाले भत्ते इस प्रकार हैं :

भोजन (अविवाहित कर्मचारी)	70 यूएन
भोजन (विवाहित कर्मचारी)	45 यूएन
रात की हरेक पारी के (अधिकतम 15 पारियों के)	30 यूएन (2 यूएन प्रति पारी)
बोनस	60 यूएन
घर से कार्यालय आने का	18 यूएन (यदि दूर है) 10 यूएन (यदि पास है)

समय-समय पर मिलने वाले अन्य तोहफ़े, उपहार, मकान, पद और परिवार के अनुसार :

तीन शयनकक्ष, दो बैठक, रसोई, गुसलघर	25.5 यूएन किराया देना है
दो शयनकक्ष, दो बैठक आदि	20 यूएन
दो शयनकक्ष, एक बैठक आदि	15 यूएन
अखबार, पत्रिकाओं का भत्ता	18 यूएन
फ़िल्म, थियेटर देखने का भत्ता	14 यूएन
ईंधन	5 यूएन
वार्षिक वेतन-वृद्धि	2 यूएन

चीन सरकार द्वारा मकान, नौकरी, चिकित्सा मुहैया कराना अपरिहार्य है। तीस वर्षों तक कार्यरत रहने पर सेवानिवृत्त होने के बाद शत-प्रतिशत पेंशन मिलती है। मकान चीनी कर्मचारी के पास पति-पत्नी दोनों के लिये मृत्युपर्यन्त रहता है। मैंने प्रो. सुन पाओ कांग से उन्हें दी जाने वाली सुविधाओं के बारे में पूछा तो बोले, ''उन्हें चीन के उपमंत्री से कुछ अधिक वेतन मिलता है, पर मंत्रियों की अन्य सुविधाएँ अधिक हैं। चीन में प्रोफ़ेसर का पद अत्यन्त सम्मानजनक है और लगभग 5000 राष्ट्रीय स्तर के प्रोफ़ेसर हैं। स्थानीय भाषा के प्रोफ़ेसर अब उपमंत्री बना दिये गये हैं। सुन पाओ ने अपनी मासिक वेतन, भत्ता स्लिप दिखायी :

वेतन	500 यूएन
जीवनपर्यन्त मासिक भत्ते	100 यूएन
ईंधन	5 यूएन
फ़िल्म आदि देखने का	14 यूएन
यातायात	10 यूएन (वैसे काम पर आने-जाने की सरकारी व्यवस्था है।)
अख़बार, पत्रिकाएँ	18 यूएन
हज़ामत कराने का	16 यूएन
भोजन	45 यूएन

चीन में 1500 यूएन मासिक आय के बाद तीन प्रतिशत आयकर है यानी आयकर दाताओं की श्रेणी में प्रधानमंत्री तक भी नहीं आते हैं। विदेशी

विशेषज्ञों को जिन्हें दो हज़ार यूएन प्रति माह दिये जाते हैं, तीन प्रतिशत टैक्स देना होता है। मैंने देखा कि समय-समय पर दैनिक उपभोग की वस्तुएँ चार गुना सस्ते दामों पर कर्मचारियों में वितरित की जाती हैं। यूँ तो पदोन्नति प्रति वर्ष अपेक्षित है, किन्तु आजकल तीन वर्ष भी लग जाते हैं। प्रो. सुन पाओ कांग का मत है कि चीनी कर्मचारी का वेतन देखने में कम लगता है किन्तु भारत के कर्मचारी से तुलना की जाए तो एक चीनी कर्मचारी का वास्तविक वेतन बहुत अधिक है। जीवन-स्तर भी उन्नत है, क्योंकि प्रायः हर चीनी घर में रंगीन टीवी, वॉशिंग मशीन, वीडियो सैट आदि उपलब्ध हैं। भोजन भी अधिक कैलोरी युक्त होता है। प्रायः एक बच्चे पर चीनी माता-पिता सौ यूएन प्रति माह खर्च करते हैं...इसमें उसका भोजन, शिक्षा, कपड़े, खिलौने आदि सभी कुछ आ जाता है। पति-पत्नी दोनों नौकरी करते हैं और नौकरी के अतिरिक्त कोई-न-कोई दूसरा काम ज़रूर करते हैं।

सुन पाओ कहते हैं कि आजकल फ़ैशनपरस्ती और दिखावा इतना बढ़ता जा रहा है कि चीनी विवाह पर एक हज़ार यूएन खर्च होना आम बात है। लेकिन युवाओं के लिये नौकरी की गारंटी है। एक बार विश्वविद्यालय में स्नातक-कक्षा में प्रवेश मिलने पर सरकार खुद-ब-खुद परीक्षा पास करते ही नौकरी का बुलावा भेजती है। यदि स्नातक चाहे तो अस्वीकार कर सकता है और अपनी रुचि की दूसरी नौकरी खोज सकता है। देखने को तो प्रोफ़सरों को अधिक वेतन और सुविधाएँ हैं, लेकिन निजी उद्योगों के मैनेजर और विदेशी कम्पनियों के कर्मचारियों को उनसे बहुत ज़्यादा वेतन मिलता है। शायद इसलिए चीन का शिक्षा-जगत एक रहस्यमयी मायूसी और रिक्तता का शिकार है।

जिस अंग्रेज़ी भाषा को चीनियों ने कभी महत्त्व नहीं दिया और विदेशियों को चीनी भाषा बोलने, सीखने पर विवश किया, आज उसी अंग्रेज़ी के व्याकरण, शिक्षण की किताबों से बाज़ार भरे हैं। चीनी, अमेरिकी अंग्रेज़ी के पीछे पड़े हैं ताकि अमेरिका, जापान और यूरोप के सहयोग से लगे उद्योगों में नौकरियाँ पा सकें।

3 जुलाई

चीनी भाषा विश्व की प्राचीनतम भाषाओं में से एक है। कोई 90,000 रूप (करेक्टर्स) होंगे, जिनमें से 30,000 रूपों से सारा काम निकाला जा सकता है। इस भाषा की विशेषता है कि इसके धातु यानी उपसर्ग और प्रत्यय दोनों को मिलाकर शब्दों का निर्माण होता है। विभक्तियों से शब्द का अर्थ निकाला जा सकता है और नये-नये शब्द बनाये जा सकते हैं। शायद यही कारण है कि चीनी भाषा ने दूसरी भाषाओं के शब्दों का अर्थानुवाद करके अपने शब्द सहजता से गढ़ लिये हैं। विदेशी शब्द बिलकुल नहीं हैं। साथ ही प्रत्येक उपसर्ग और प्रत्यय की अलग-अलग चार काष्ठाएँ (टोन्स) हैं। अगर काष्ठाओं के उच्चारण में ज़रा-सी भी भिन्नता हुई तो शब्द-अर्थ बिलकुल भिन्न हो जायेगा। इसी प्रकार लिपि में भी यही अंतर होगा। चीनी भाषा में स्वयं शब्द निर्माण की अपार संभावनाएँ हैं। इसीलिए विदेशी वैज्ञानिक शब्दावली को बिना किसी परेशानी के अपने देशज शुद्ध चीनी रूप में परिवर्तित करने में कोई कठिनाई नहीं हुई। यह इस भाषा की सीमा भी है तो इसकी गतिशीलता भी।

5 जुलाई

चीन में कोई पुस्तक तीन हज़ार प्रतियों से कम नहीं छपती है। विख्यात लेखकों की पुस्तकों की दस-दस लाख प्रतियाँ तक बिक जाती हैं। लेकिन लेखकों को पारिश्रमिक के रूप में अधिक राशि नहीं दी जाती है। आमतौर से साधारण लेखक को तीन यूएन प्रति हज़ार शब्द और विख्यात लेखक को अधिकतम सौ यूएन प्रति हज़ार शब्द लिखने के मिलते हैं। चीनियों में कमाल का पढ़ाकूपन है। पुस्तकों को प्रदर्शित भी बहुत सुंदर ढंग से किया जाता है। दरअसल, जैसे सुपरबाज़ार अन्य उपभोग-वस्तुओं के हैं, वैसे ही पुस्तकों के बाज़ार और बुक-सिटी भी हैं। चीनी भाषा व साहित्य की पुस्तकों, पत्र-पत्रिकाओं से पूरा चीन भरा है और पुस्तक-प्रदर्शनियाँ होती रहती हैं। साथ ही, दूसरी भाषाओं के साहित्य को मेन्डेरिन में अनुवाद करने का सिलसिला भी ज़ोरों पर है। अंग्रेज़ी के क्लॉसिक्स पहले से ही काफ़ी तादाद में चीनी में अनूदित हो चुके हैं। खुलेपन के बाद घासलेटी, गरमागरम साहित्य व पत्रिकाएँ बाज़ारों में

दिखाई देने लगी हैं। इनमें फ़ैशन, अर्धनग्न तस्वीरें, सैक्सी कहानियाँ, रोमांस और सब तरह का गरममसाला भरा है जो धड़ल्ले से बिक रहा है। लेकिन श्रेष्ठ साहित्य के लिये भी भीड़ लगी है। पुस्तकें, अखबार बेहद सस्ते हैं और आम आदमी की पूरी पहुँच में हैं। शिक्षितों का प्रतिशत बहुत अधिक है। अधिकांश प्रकाशनगृह सरकारी हैं और पुस्तक प्रकाशन अच्छे मुनाफ़े का धंधा है।

6 जुलाई

भारतीय इंका (कांग्रेस) का एक शिष्टमंडल श्री सुशील कुमार शिंदे के नेतृत्व में चीन आया हुआ है। चीनी कम्युनिस्ट पार्टी के सदस्यों और राष्ट्राध्यक्ष ज़्यांग ज़ेमिन से उनकी भेंट हुई है। ज़्यांग ज़ेमिन ने इंका और सीपीसी के घनिष्ठ संबंधों के लिये तत्परता व्यक्त की है। दोनों दल अपने-अपने देशों में सत्ताधारी दल हैं। मैं शिष्टमंडल में शामिल श्री अशोक गहलोत से मिलने पहुँचा। वे ख़ालिस राजस्थानी और शाकाहारी हैं। जैसे ही उन्हें पता लगा कि मैं यहाँ हूँ, तुरन्त मिलने को कहा। वे चीनियों की व्यवस्था पर चकित थे। साथ ही, व्यस्ततम आतिथ्य-सत्कार से कुछ परेशान भी थे। चीनी अपने अतिथियों को दो पल की भी फ़ुरसत नहीं देते हैं। शायद इसके पीछे यह सदिच्छा रहती है कि अगर मेहमानों को ठाली रखा तो मेहमान सोचेंगे कि उनकी उपेक्षा हो रही है। श्री गहलोत को दो ही दिनों में ढेर सारे उपहार मिल गए हैं। वे चीनी लड़कियों के वस्त्रों के नये से नये क्षीणतम डिज़ाइनों से भी कम आश्चर्यचकित नहीं हैं। राजस्थानी तहज़ीब, परम्परा में पले-बढ़े आदमी की आँखें फिसल कर बालू में धँस जाती हैं। जिन्हें भरी-पूरी रोशनी में नंगी पिण्डलियाँ देखने की आदत न हो, वे तो मेज़ पर से भूखे ही उठ जायेंगे, भले ही कितनी भी अच्छी परोसदारी क्यों न हो...।

12 जुलाई

पाश्चात्य समाज को एशिया की वे सब बातें पिछड़ी लगती हैं जो उसके मानदंडों, अभिरुचियों से मेल नहीं खाती हैं। हाल ही में अमेरिकी विशेषज्ञ दक्षिण चीन के क्वीज़ो प्रान्त की यात्रा से लौटे हैं। किसी ने उनसे क्वीज़ो की राजधानी क्वीयांग के बारे में पूछा तो चट से कह दिया, ''क्वीज़ो दो हज़ार वर्ष

पीछे है।" क्योंकि वहाँ इमारतों का स्थापत्य, रीति-रिवाज़, मियो जन-जाति का परम्परागत समाज उनकी अमेरिकी सोच के बिलकुल विपरीत है। यही नहीं, यूरोप के देश और अमेरिका एशियाई समाजों को बहुत निर्धन और पिछड़े सिद्ध करने में लगे हैं। बीबीसी का इसमें अहम रोल है। लेकिन पश्चिम का मीडिया पश्चिम के समाजों का पिछड़ापन, भुखमरी और वहशीपन कभी नहीं दिखाता। दिखाया जाता है तो केवल सोमालिया, थाइलैंड के चकले, बर्मा के नशाखोर, चीनी भगोड़े और तस्कर, इस्लामी देशों की बदहाली। गोरी जातियाँ युगों से विश्व में वर्चस्व बनाये रखने की कोशिश में एशियाई अफ्रीकी देशों की दुर्दशा का प्रचार करती रही हैं, जबकि ऐसे देशों की बदहाली का एक कारण वे खुद भी हैं। उनके द्वारा अगर औपनिवेशिक शोषण और उत्पीड़न नहीं हुआ होता तो तस्वीर इससे उलट होती। एशिया के पारम्परिक ढाँचे को सांस्कृतिक-आर्थिक हमले से तहस-नहस करना और उसका आधुनिकीकरण के नाम पर पाश्चात्यीकरण करना—यह मकसद रहा है तथाकथित विकसित देशों का। भीतर-ही-भीतर चीन जैसे देशों से घृणा करने वाले लोग बाहर से उसे जल्दी-से-जल्दी 'आधुनिक' बनाने की सदिच्छा दिखाते हैं। तथ्य तो यह है कि विकसित देश अधिक परम्परावादी और अनुदार हैं।

16 जुलाई

सांस्कृतिक क्रांति (1966-76) की क्रूरता और विफलता से कवियों का एक छोटा-सा समूह उपजा था जिसे 'मुंगलुंग' कविता का स्कूल कहा गया। मुंगलुंग का अर्थ है धुँध। इस धुँधवादी कविता के प्रमुख कवि थे चीन के भूतपूर्व संस्कृति मंत्री, वांगमंग। सारे धुँधवादी कवि अत्यन्त निराशा, हताशा और आत्महनन के कवि थे। सांस्कृतिक क्रांति से पहले वे चरम क्रांतिकारी रहे। लेकिन वे कभी राजनीति से भी सीधे तौर पर नहीं जुड़े। सांस्कृतिक क्रांति की विफलता ने उन्हें सांसारिकता से बिलकुल विरत कर दिया। चीनी भाषा में इसे श्यूईस्याओ यानी त्यागवाद कहा जाता है। बाद में इस स्कूल के कई कवियों ने आत्महत्याएँ कर लीं। शायद शू यूएन की 'ली स्याओ' से इन कवियों का जैविक संबंध रहा था। अवसादग्रस्त कविता की भी एक लम्बी परम्परा है—पुनर्जन्म लेने और खुदकुशी करने की।

चीन में मृत्यु संस्कार में लगभग 500 यूएन खर्च होते हैं। परम्परा तो गाड़ने की रही है, जो गाँवों में अभी भी जारी है। श्री छन श्यूए पीन की सास मरीं तो दो हज़ार यूएन खर्च हुए, क्योंकि नुक्ते में सारे गाँव को बुलाना पड़ा। वर्ष में तीन पर्वों पर—छिंगमिंग (चीनी तीसरे मास की चौथी तारीख), कुई च्य (सातवें मास की पन्द्रहवीं तारीख), यूएनतन (पहले मास की पन्द्रहवीं तारीख) को पूजा और दीपक जलाने का रिवाज़ है। साथ ही, श्राद्धकर्म और भूतपूजा भी होती है। कब्र पर ढलवाँ आकार का एक स्तम्भ बनाया जाता है। लेकिन पेइचिंग जैसे महानगरों में विद्युत शवदाह-गृह हैं। नये चीन की स्थापना के बाद गाड़ने के संस्कार को जलाने में बदल दिया गया, क्योंकि कब्रिस्तान के लिये भूमि उपलब्ध कराना संभव नहीं था। हाँ, मुस्लिमों के लिये अब भी वही दफ़्नाने की सुविधा है। लाश को ले जाने की गाड़ी, शवदाह-गृह का किराया इत्यादि के 500 यूएन खर्च में से आधा सरकार वहन करती है। परम्परागत संस्कार में सात दिन तक मृतक का पुत्र बिलकुल सफ़ेद लम्बे वस्त्र, सफ़ेद जूते, गोल सफ़ेद टोपी, (जिसके दोनों ओर दो लम्बी झूलती डोरियाँ) के वेश में रहता है। उसके हाथ में एक पतली डंडी होती है जिस पर काग़ज़ की फर्रियाँ चिपकी होती हैं। वह इन्हें थामे हुए अर्थी के आगे चलता है। प्राचीन समय में किसी का पिता मरता तो उसे झोंपड़ी बनाकर एक माह तक या इससे भी अधिक कब्र के पास रहना पड़ता था। शोक अवस्था में मांस खाना मना नहीं है। रोना, विलाप, ज़ोर-ज़ोर से माथा-छाती पीटना अच्छा माना जाता है। इस बात में चीन शायद भारत से बढ़-चढ़ कर है।

कन्फ़्यूशियस के समय के मृत्यु-संस्कार अब नहीं रहे। चीनी व्यवहारवाद ने इनमें क्रांतिकारी परिवर्तन किए हैं। आमतौर से शहरों में काली पट्टी बाँह में बाँधते हैं, सफ़ेद काग़ज़ की गोल चिंदियाँ शवयात्रा के रास्ते पर गिरायी जाती हैं। ये नोटों का प्रतीक होती हैं कि मरने पर मृतक को गरीबी नहीं सताये। अभी भी गाँवों में मृत्युभोज होते हैं और बौद्ध भिक्षुकों से पूजा-पाठ करवाया जाता है। सम्पन्न परिवार काग़ज़ के घोड़े, ड्रेगन, बैल, मकान बनाकर उन्हें अर्थी के साथ निकालते हैं। जिन्हें बाद में कब्र के पास छोड़ दिया जाता है।

19 जुलाई

पीपुल्स यूनिवर्सिटी (रेंथा) के पास फुटपाथ पर अनगिनत रेस्तराँ हैं। शाम को यहाँ काफ़ी रौनक रहती है। रेस्तराओं के लड़के-लड़कियाँ ग्राहकों के लिये गुहार लगाते रहते हैं। फुटपाथ पर लगी मेज़ों पर सब तरह के चीनी व्यंजन सजे रहते हैं। बीयर की बोतलें, अन्य तेज़ मदिराएँ और अचार, नूडल्स वगैरह। एक शाम उधर से गुज़र रहा था तो देखा मेज़ पर रखे एक बड़े प्याले में बिच्छू भरे हैं, सबके सब जीवित और चलते-फिरते। प्रायः हरेक रेस्तराँ की मेज़ पर इसी तरह के प्यालों में अपने डंक उठाते, बाहर निकलने को बेचैन ये बिच्छू दिखाई देंगे। मैं अचरज और डर का मारा रेस्तराँ के लड़के की तरफ़ देखकर चल दिया। देखता हूँ कि वह लड़का मुझसे मज़ाक करता हुआ बिच्छुओं से भरे प्याले को हाथ में उठाए मेरे पीछे दौड़ा। चीन में तले हुए बिच्छुओं की डिश बहुत पसंद की जाती है। तिलचट्टे, टिड्डे, सिकाड़ा, साँप, झींगे, शंख आदि तो काफ़ी आमफ़हम हैं, लेकिन बिच्छुओं का स्वाद इन सबके ऊपर है। कल ही *चाइना डेली* के मुखपृष्ठ पर किन्हीं व्यंजन-विशेषज्ञ का लेख छपा है। उन्होंने टिड्डों (ग्रास-हॉपर्स) में बहुत पोषक-तत्व बतलाये हैं। लिखते हैं कि इन्हें खाने से सुपाच्य चर्बी, प्रोटीन, विटामिन आदि प्रचुर मात्रा में मिलते हैं। प्रायः प्रत्येक कीड़े-मकोड़े में बहुतेरे पोषक-तत्व हैं और सिकाड़ा पर तो मेरे एक सहयोगी ने रेडियो पर एक लेख प्रसारित किया है। कहते हैं, सिकाड़ा खाने से कई असाध्य रोग ठीक होते हैं। अस्तु, सिकाड़ा के इस संगीत भरे मौसम में चीनी स्त्री-पुरुष, बच्चे हाथों में जाली लिये वृक्षों में खोजबीन करते नज़र आते हैं। बिच्छू हो या और कोई कीट पूरा साबुत तला जाता है। मछली की आँखें तक साफ़ करने की ज़रूरत नहीं है। तलने, पकाने से पहले जीवित प्राणी को सीधे कड़ाही में छोड़ा जाता है। इस पाककला से बने व्यंजन को सबसे स्वादिष्ट और ताज़ा माना जाता है।

1 अगस्त

बरकात मियाँ कहते हैं, "खुदा का जलवा कोई नहीं देख सकता। सूफ़ी उस नूर का बयान करते हैं।" कव्वाल बार-बार गाते हैं कि किसकी मजाल है

जो उसे झेल जाए। सारी इश्क मजाज़ी इस जलवे पर टिकी है। माशूक की भवों की नीली-नीली कमान, काली-स्याह बड़ी आँखें, ललछौंही कनपटियाँ जिन पर लहराती खुली सर्पीली लतरें—ये लतरें अगर कुछ भीगी और भीनी हों तो और भी दिलकश और इस सबके बावजूद चमकते माथे की शिकन रुखसार की तपिश और चिबुक की उठान—जिधर माशूक रुख करता है क़यामत ही क़यामत बरपा होती है। ख़ुदा का जलवा क्या इससे भी ज़्यादा जानलेवा होगा? शायर इसे नहीं मानता...मीर और ग़ालिब इससे इनकार करते हैं। होंठों की तिरछी, तनिक हिकारत भरी टेढ़ी अदा और सुतवाँ नाक के बिन्दु की गहरी सुर्खी...भागो यहाँ से अभी फ़ायर का हुक्म हुआ चाहता है। अल्लमा इक़बाल कहते हैं, "अगर ऐ हकीकते मुन्तज़िर, नज़र आ लिबासे मजाज़ में," यानी किसी का जलवा ही क्या जो नमूदार न हो हकीकत में। पाँच खंड की सीढ़ियों से लगाकर ऐन दरवाज़े के सामने मरकरी के एक लाख वाट के बल्ब की मानिंद जलता न हो...दरवाज़ा खुद-ब-खुद खुल जाता है, कि वह चाहता है तुम उसे देखो, ताक़त और तमन्ना हो तो भीतर ओट में घसीटकर होंठों से छू लो। लेकिन इससे पहले ही मौत आ चुकी होती है। एक वक़्फ़े जैसी जुम्बिश में उसकी बिजली से सारा खून खाक़ में बदल जाता है। जब वह सीढ़ियाँ उतरने लगता है तो जी करता है कि फिर वहशत में एक बार उसे लपक लूँ। लेकिन जलवा न तो छुआ जा सकता है और न ही लपका जा सकता है। लिहाज़ा उसके आगे ढेर हूँ, मानो सूखे पत्तों का जिसे सुलगा कर वह रुखसत हुआ है।

2 सितम्बर

चीन का राष्ट्रीय खेल समारोह 4 सितम्बर से शुरू हो रहा है। आज शहर के बीच से थेयनानमन चौक तक देश के प्रमुख-प्रमुख पदक विजेता खिलाड़ी हाथों में मशालें लिये दौड़ते हुए निकले। अपार जनसमूह था। सबमें उन्हें देखने, उनका स्वागत करने का उत्साह था। स्कूलों के बच्चे अपनी रंग-बिरंगी पोशाकों में बैंड बजाते चौराहों, सड़कों पर गुब्बारे छोड़ते हुए खिलाड़ियों का स्वागत कर रहे थे। तीन-तीन गज के फ़ासले पर मुस्तैद लाल सैनिक नाक की सीध में देखते हुए पंक्तिबद्ध खड़े थे।

यह विशेष राष्ट्रीय गौरव और महत्त्व का समारोह है। सारा पेइचिंग झंडों, बैनरों से सजा है। प्रमुख इमारतों पर राष्ट्रीय ध्वज लहरा रहे हैं। प्रत्येक दफ़्तर, प्रतिष्ठान ने अपने दरवाज़े के बाहर फूलों की भिन्न-भिन्न तरह की सजावटें की हैं। मसलन, फ्रेंडशिप होटल ने झरना, पहाड़, झील का चित्रण किया है और चारों तरफ़ फूलों की सजधज की है। प्रमुख चौराहों पर फूलों से दीवार और राष्ट्रीय खेलों के शुभंकर बनाये गये हैं। मैंने प्राचीन राजवंशों की वेशभूषा में स्वांग भरे कई स्त्री-पुरुषों को देखा। जलसे, स्वागत-सत्कार के बाद बच्चों के स्कूल के अध्यापक-अध्यापिकाओं ने ठंडे पेय की बोतलें, आइसक्रीमें वितरित कीं। बच्चों को घर पहुँचाने के लिये स्कूल बसें व अन्य बसें उपलब्ध थीं। सारा शहर बड़े-बड़े गुब्बारों, शुभंकरों से सजा था। पेइचिंग को ओलिम्पिक खेलों का आयोजक होने की पूरी आशा है। इसे प्रतीकात्मक रूप से राष्ट्रीय खेल समारोह का प्रेरणास्त्रोत माना जा रहा है।

19 सितम्बर

विचित्र रविवार रहा है यह। सुबह 8:30 बजे श्रीमती ल्यू हुवे का बड़ा बेटा और उसकी मित्र आते हैं। फ्रेंच, अंग्रेज़ी सीखने का अपना सिरदर्द मुझे बाँट जाते हैं। श्रीमती ल्यू इस सुंदर (उनके सौंदर्यबोध के अनुसार) लड़की को अपनी बहू बनाना चाहती हैं। बेटा कहता है, वह बहुत अच्छा खाना पकाना जानती है। मैं भी समझाता हूँ कि दोनों मिलकर अपनी रसोई जमा लेंगे। दुपहर 12 बजे मुझे अंकल कहने वाली मोटी लड़की (वज़न 100 किलो) आती है। मुझसे बहुत देर तक भारत के बारे में चर्चा करती है। उससे जैसे-तैसे मुक्त होता हूँ, तो 1:30 बजे काओ छिन्न अपनी गोल-मटोल कमसिन और हँसमुख मित्र के साथ आता है। हम थेयनानमन चौक के लिये रवाना होते हैं। एक ही परिवार के तीन लड़कियों और दो लड़कों के 'अंकल' कैसे कहें कि उन्हें भी प्रेम और संग-साथ की ज़रूरत है। नाशपाती के पेड़ की ओट में प्रेमी जोड़े बैठे हैं। मैं काओ और उसकी मित्र के साथ नाश्ता कर रहा हूँ। लौटते वक़्त बस में काओ जब चाकू से चॉकलेट काटता हुआ अपनी अँगुली काट लेता है और खून ही खून हो जाता है, तो वह तुरन्त काग़ज़ से अँगुली लपेटकर बार-बार मुझसे अनुनय करता है कि उसकी मित्र को कदापि नहीं बतलाऊँ

कि खून बह रहा है नहीं तो वह बहुत नाराज़ होगी। किशोर प्रेम की कितनी निश्छल, पवित्र अभिव्यक्ति है यह। मैं उससे कहता हूँ, यह खून में तरबतर काग़ज़ तुम्हारा प्रेम-पत्र है वीरगाथा काल का। इसे तुम अपनी प्रेमिका को दे दो। लेकिन शायद ही चीन में प्रेमी हीरो की ऐसी कोई बलिदानी परम्परा रही हो।

26 सितम्बर

जैनब, चिंग च्यांग प्रान्त की कुई जनजाति की मुस्लिम लड़की है जिसे बरक़ात दम्पति ने अपनी बेटी बना लिया है वह उनके पाकिस्तान जाने पर खुद को बेहद अकेला महसूस करेगी। वह वॉलीबाल, बास्केटबॉल की कोच है, सूच्यिन प्रान्त में। उसका चेहरा, कद-क ाठी बिलकुल अलग है। हान जाति की लड़कियों से बिलकुल भिन्न, बिलकुल भारतीय हरियाणवी...लम्बी, छरहरी स्मिता पाटिल जैसी। लेकिन रंग गेहुँआ और आँखों में मधुर विस्मय, होंठों पर शालीन मुस्कान। अब जैनब को शायद मैं दुबारा नहीं देख पाऊँगा।

...आखिरकार, बरक़ात साहब पाकिस्तान चले ही गये। वे जाना नहीं चाहते थे। मार्क्सवादी होने के कारण उन्होंने इस्लाम के कट्टरपंथियों का हमेशा विरोध किया। पाकिस्तान में प्रताड़ित और उपेक्षित रहे। वहाँ के मज़हबपरस्त लोग उन्हें 'नस्ली मुसलमान' कहते हैं, यानी सिर्फ़ पैदाइश से वे मुस्लिम हैं। वे चीन को पिछले दस बरसों से बेसाख्ता प्यार करते रहे। चुपचाप, संजीदगी और लगन से चीन के रेडियो के उर्दू विभाग को सँवारते रहे, बावजूद इसके कि उनकी दोनों किडनियाँ पथरी की वजह से ठीक काम नहीं करती थीं। दोनों आँखों में मोतियाबिंद उतर आया था। वहाँ, पाकिस्तान में सबसे बड़ा बेटा है जो अपाहिज़ है। जिया सरकार की दहशतों, प्रताड़नाओं की वजह से वे चीन चले आए। पिछले पाँच महीनों से, जब से मैंने चीन में क़दम रखा, वे मुझे अपना छोटा भाई मानकर मुझ पर कुरबान होते रहे। आज दिन भर मैं उनके बिछोह में रोता रहा। सुबह भी उनसे, भाभीजान, बेटे मुस्तफ़ा से विदा लेते वक़्त मैं दीदए-तर था। कमरे में दूर बैठी जैनब मुझे टुकुर-टुकुर देखे जा रही थी।

10 अक्टूबर

आज मैंने पेइचिंग के धुर दक्षिण में स्थित सबसे ऊँचे पर्वत की लिंगशान चोटी देखी। लिंगशान पहुँचने का गहरी घाटी में से जाता मार्ग वर्णनातीत है। ऐसे अद्‌भुत प्रस्तर आकारों, वनस्पतियों, दुर्गम ऊँचाइयों पर आच्छादित रंगों की छटाएँ मैंने पहले कहीं नहीं देखीं। गहरी घाटी में कलकल वेगवान झरना गिर रहा था, जो कभी दृश्यमान तो कभी अदृश्य होकर मुझसे सड़क के पास मिल जाता था। चार हज़ार फीट ऊँचे पर्वत पर चढ़ना और चारों तरफ़ फैले घास के मैदानों को निहारना और निरन्तर दुस्साहस के साथ कराइयों से उतरना...इस अनुभव को भाषा के सीमित रूपाकारों में व्यक्त नहीं किया जा सकता। एक किसान परिवार के घर ठहरा, पति-पत्नी, पत्नी के माँ-बाप, पति घरजवाई, उनका सात वर्ष का बेटा बिलकुल बाशा की तरह और परतदार बड़ा पराँठा और झोलदार कद्दू की सब्ज़ी, सुबह चावल का सूप...यह सब कैसे भूल सकता हूँ? इस परिवार के पास एक खच्चर, दो घोड़े और कुछ मुर्गियाँ हैं। ज़मीन थोड़ी-सी है जिसमें आलू पैदा होते हैं। रात भर जागते हुए काँच की बंद खिड़की से तारे देखता रहा। बीच-बीच में कभी खच्चर ढेंचू-ढेंचू कर देता था। बिस्तर के नीचे यानी मिट्टी के तख़्त के नीचे, चीनी अँगीठी धधक रही थी जिस पर केतली में गर्म, खौलता पानी भरा था। इस अँगीठी की बनावट बहुत विचित्र होती है—सिर्फ़ एक बड़ा छेद, ऊपर एक अलमारीनुमा ईंधन डालने का चूल्हा, नीचे की तरफ़ लकड़ी का ढक्कन लगा राख निकालने का तहखाना...ओह, शायद पहाड़ की विकट सर्दी से ऐसे ही बचा जा सकता है। बहुत ठंड थी। सुबह धूप निकलते ही दूर घूमने निकला। पतझर कदम रख चुका है...जंगल में मेपल, जुनीपर, साइप्रस आदि वृक्षों के रंग बदलने लगे हैं। धूसर, पीला, गहरा लाल, कत्थई, बैंगनी, ललछौंहा, फिरोज़ी, चटख, हरा, भगवा, चटख़ नीला...नाना प्रकार के रंगों की मिलीजुली रंगतें प्रस्तर प्राचीनतम आकारों पर बिछी हैं। आँखों का नशा बढ़ता जाता है। क्या यही पृथ्वी पर उतरा देवलोक है? इस उपग्रह की प्राचीन संरचना में सजी अप्रतिम सौंदर्य-सृष्टि, तुम पर यह तुच्छ-सा जीवन न्यौछावर करता हूँ।

20 अक्टूबर

प्रो. सुन पाओ कांग पूछते हैं, "क्या कारण है कि भारत जैसे बड़े देश में जहाँ बौद्धिकों, महान दार्शनिकों, विशेषज्ञों का अभाव नहीं है, एक भी ऐसा विद्वान नहीं हुआ जो चीन पर आधिकारिक ज्ञान रखता हो? अभी भी चीन में अनेक विद्वान हैं जो भारतीय संस्कृति और वाङ्मय में गहरी पैठ रखते हैं।" चीन और भारत के बारे में जर्मन विद्वानों की बेहद तार्किक शोध-वृत्ति है। भारत में खुलापन होने के बावजूद अपने पड़ोसी देशों की संस्कृति, साहित्य के बारे में अत्यन्त सतही कामचलाऊ दृष्टिकोण है। यहाँ तक कि बौद्ध धर्मवेत्ता जितने पड़ोसी देशों में हैं उतने भारत में नहीं हैं। इने-गिने लोग ही हैं जो अथक खोजी व्यक्तित्व के धनी हों, वरना कुछ पेशेवर प्रोफ़ेसर भर ही होंगे जिन्होंने आजीवन कोई गंभीर कार्य किया हो। प्रो. सुन पाओ कांग के कटाक्ष में एक चुभता हुआ सत्य दिखाई देता है। उन्होंने मुझे चीन पर गहराई से काम करने की सलाह दी, तो मैंने जवाब में उन्हें चीनी भाषा न समझने की अपनी सीमाओं से अवगत कराया। किंतु उन्हें आश्वस्त किया कि घर-नौकरी से निवृत्त होने के बाद शेष जीवन मैं चीन में जो अर्जित किया है उसके बारे में विस्तार और समग्रता से लिखूँगा। केवल अंग्रेज़ी से अनुवाद नहीं, संस्मरणात्मक भी नहीं, बल्कि चीनी समाज-संस्कृति को उस नज़र से जैसे कि कोई चीनी देखता, समझता है।

26 अक्टूबर

सबसे आगे निकला फ्रेंच। उसे आये कोई दो महीने भी नहीं हुए कि एक निहायत खूबसूरत छरहरी चीनी लड़की मित्र हो गयी है। सुबह दोनों हमारी बस से जाते हैं। यह विशेषज्ञ बिलकुल मितभाषी, घुन्ना, खरगोश की तरह नरम-गरम है और लड़की है कि आफत की मारी जैसे इसी के इन्तज़ार में थी। चीनी लड़कियों की यह व्यापारिक मानसिकता विचित्र लगती है। हालाँकि इसे प्रगतिकामी आकांक्षा की उमंग कहा जा सकता है। किंतु चीन राष्ट्र का इससे क्या भला होने वाला है? यूरोप और अमेरिका की तरह तो यह एशियाई समाज हो नहीं सकता। विदेशियों की तरफ़ लोलुप दृष्टि से देखते हुए खुद को

समर्पित करते हुए ये चीनी, जापानी लड़कियाँ अपने देश के युवाओं को ठुकरा भले ही दें, लेकिन एशियाई जड़ों तक भीतर पैठी परम्परा इन्हें अपराधबोध से ज़रूर ग्रस्त करती रहेगी। धन्य है फ्रेंच विशेषज्ञ!! इतना धीमा और मितभाषी है कि लड़की को भी फुसफुसाते हुए बोलना पड़ता है।

5 नवम्बर

बहुत विचित्र देश है। फुटकर गन्ना भी तौल से मिलता है। आज बाज़ार में बहुत मोटे, लंबे गन्नों का ढेर लगा था। पूछा, तो ठेलेवाले ने कहा, ''8 माओ।'' मैंने एक गन्ना छाँटा और उसके छोटे-छोटे टुकड़े करने को कहा। उसने एक टुकड़ा कर भी दिया। फिर तराजू लाया। मैंने उसे जब एक यूएन का सिक्का देना चाहा तो वह तराजू से तौलने लगा। उसने तब समझाया कि 8 माओ में 1 चिन यानी 500 ग्राम आयेगा। मैं हतप्रभ हो गया। गनीमत थी कि अभी एक टुकड़ा ही हुआ था। अगर इस तरह पूरा गन्ना तौला जाता तो शायद 7-8 चिन होता यानी एक पूरा गन्ना 35 रुपये का होता। इसी तरह केले भी चीन में तौलकर और गुच्छों में ही मिलते हैं। केला चीन का सबसे महँगा फल है। 7-8 केले लगभग 8 यूएन के होंगे यानी 47 रुपये के।

8 नवम्बर

अंडों से भरे हॉल के बारे में आज सही जानकारी मिली। मैं सोचता था कि रेडियो के सभी कर्मचारियों को सस्ते दामों पर दूसरी वस्तुओं के साथ अंडे भी उपलब्ध करवाए जाते हैं। लेकिन पता चला कि ये अंडे तो उन कर्मचारियों को मुफ़्त दिये जाने के लिये आये हैं, जिन्होंने नये चीन की स्थापना से पहले क्रांति में भाग लिया था। ऐसे सभी वयोवृद्ध लोगों को अंडों के अलावा दूसरी उपभोग की वस्तुएँ भी मुफ़्त दी जाती हैं। यह क्रम नये चीन की स्थापना से ही बिना किसी व्यवधान के चला आ रहा है।

9 नवम्बर

आज थेयनानमन की घटना का ज़िक्र होने पर कु चुएन बहुत भावुक और उद्वेलित हो गयी। जब मैंने उससे कहा कि कई अमेरिकी पत्रकारों की प्रतिबंधित

पुस्तकों को पढ़ने के बाद मैं इस निष्कर्ष पर पहुँचा हूँ कि घटना इतनी बड़ी नहीं थी जितनी कि अमेरिकी प्रचारतंत्र ने उसे बढ़ा-चढ़ा कर चित्रित किया है। एक निषिद्ध अमेरिकी पुस्तक को पढ़ने के बाद मुझे लगा कि खुद उसके लेखकों को ही तथ्यों की पूरी जानकारी नहीं है। पुस्तक के अंत में ख़ुद उन्होंने लिखा है कि 4 जून, 1989 की घटना के बारे में कुछ भी प्रमाणिक तौर पर तो नहीं कहा जा सकता, लेकिन वे निष्कर्ष निकाल सकते हैं। ये लेखक एक छात्रनेता द्वारा लिखा पत्र उद्धृत करते हैं...''मैं मरा नहीं हूँ, अभी भी ज़िन्दा हूँ...''

यह सुनकर कु चुएन बेहद नाराज़ हो गयी और लड़ाई करने को आमादा हो गयी। उसने कहा, ''थेयनानमन की घटना चीनी लोगों के दिल में एक रिसता हुआ घाव है। यह घाव कभी नहीं भरेगा, इसके बारे में कोई चीनी बात नहीं करना चाहेगा। अपने ही लोगों, छात्रों को कुचलने के लिये पुलिस, सेना भेजना और गोलियाँ चलवाना वहशीपन के सिवा क्या था? छात्रों को दूसरे ढंग से भी नियंत्रित किया जा सकता था।'' मैंने उससे पूछा—''क्या उसने किसी के मरने की ख़बर सुनी?'' तो वह बोली, ''हाँ, उस दिन पीकिंग विश्वविद्यालय का एक लेक्चरर मारा गया था। उसी दिन उसकी पत्नी ने एक बच्चे को जन्म दिया था। सारे छात्रों ने उसकी मौत पर श्रद्धांजलि व्यक्त करने के लिये मौन जुलूस निकाला था।'' कु चुएन यह भी कहती है, ''मैं चीनी व्यवस्था के सकारात्मक पक्षों को भी देखती हूँ, जबकि अमेरिकी, यूरोपियन लोग मात्र नकारात्मक पक्षों को ही देखते हैं।'' घटना के दूसरे, तीसरे दिन वह थेयनानमन चौक गयी थी। थेयनानमन पर इसी प्रकार का एक और आन्दोलन 5 अप्रैल, 1976 को भी हुआ था जब चौगुटे के खिलाफ़ चीनी जनता ने संघर्ष का बिगुल बजाया था। दोनों घटनाओं में विपरीत अंतर है, क्योंकि पहले जन-संघर्ष को आम चीनी और सत्ताधारी पार्टी की नज़र में क्रांतिकारी कदम माना गया, जबकि दूसरी घटना को प्रति क्रांतिकारी। पार्टी के आस्थावानों में 4 जून, 1989 के आन्दोलन के प्रति कोई सहानुभूति का भाव नहीं रहा है। उस वक़्त कुछ लोग ज़रूर विचलित हुए थे। किन्तु अब केवल पार्टी और सरकार के कार्यकलापों को लेकर कुछ असंतुष्ट लोगों के मन में थेयनानमन एक घाव हो सकता है। ऐसे लोग, फ़िलहाल अत्यन्त अल्पमत में हैं और पार्टी की कार्यदिशा के गुण-दोषों के आधार पर वे अपनी राय बदल भी सकते हैं।

प्रो. छन चुंग रुंग कहते हैं, "प्रत्येक घटना के बारे में चीनी जनता में दो मत हो सकते हैं।" तंग स्याओ फिंग ने लगभग दो माह बाद जब छात्र-आन्दोलन को 'प्रतिक्रांतिकारी गड़बड़ी' कहा तब ही सेना ने थेयनानमन चौक की घेराबंदी शुरू की। कोई दो माह तक छात्र नेता पुलिस और सेना से उनसे सहयोग करने की गुहार करते रहे। कुछ मज़दूर यूनियनें, संगठन और महत्त्वपूर्ण नागरिक, श्रमिक व बुद्धिजीवी वर्ग के लोग छात्रों के साथ थे। यह, दरअसल, विदेशी मीडिया से प्रभावित बुद्धिजीवी वर्ग द्वारा संचालित एक आन्दोलन था जो जन-आन्दोलन बनने में असफल रहा और जिसकी जड़ें गोर्बाचोव, पूर्वी यूरोप और अमेरिका में विन्यस्त थीं।

तंग स्याओ फिंग के विचार में लोकतंत्र लाना बहुत ज़रूरी था, किन्तु बिना आर्थिक सुधारों के उसे लाना और बिना चीनी समाजवादी विशेषताओं के उसे खड़ा करना चीन के लिये आत्मघाती होता।

10 नवम्बर

श्री हान छन युंग कहते हैं कि चीन में महँगाई की मार से कर्मचारी मरे जा रहे हैं। विकसित देशों की देखा-देखी उपभोक्ता-वस्तुओं के दाम बढ़ रहे हैं लेकिन चीनियों का वेतन वही तीसरी दुनिया के देशों जैसा स्थिर और कम है।

12 नवम्बर

आश्चर्य!! तंग स्याओ फिंग की जीवनी में अनेक चित्र हैं। तंग के साथ उनके परिवार के सदस्य, सैनिक कमीशन के लोग, पार्टी सचिव यानी सभी तो दिखायी दे रहे हैं। लेकिन इस एल्बम में माओ त्ज़ेतुंग कहीं नहीं हैं। पुस्तक की लेखिका, तंग की तीसरी, सबसे छोटी बेटी श्याओगं माओ माओ हैं जो अन्तरराष्ट्रीय सम्पर्क समिति की उपाध्यक्ष हैं।

12 नवम्बर

आज *चाइना डेली* अख़बार में हैडलाइन देखी : 'प्रोस्टिट्यूशन फ़ेसीलिटीज़ शट डाउन।' ख़बर में बतलाया गया कि दक्षिण प्रांत में पुलिस ने छापे मारे और कोई 37,000 वेश्याओं की धर-पकड़ की। 'इस तरह वेश्यावृत्ति की

सुविधाएँ छीन ली गयी हैं।' इस अख़बार की अंग्रेज़ी कभी-कभी बहुत दिलचस्प होती है। उत्तरी कोरिया की यात्रा पर गये मंत्री ली फंग का हवाई जहाज़ से उतरने पर स्वागत करने का चित्र छापा जिसके नीचे लिखा था : 'ली फंग का दोस्तों के एक गिरोह द्वारा स्वागत।' अंग्रेज़ी विशेषज्ञ मॉरिस मैथ्यूज़ कहते हैं, "अंग्रेज़ी विशेषज्ञ मजबूर हैं, अंत में तो चीनी विशेषज्ञ का ही निर्णय अंतिम होता है।' इस चीनी 'प्रोफ़ेसर' से पास होने पर लेख सीधा प्रसारण के लिये चला जाता है। उसने क्या 'शक्कर' की है, क्या 'गुड़गोबर' किया है, विदेशी भाषा विशेषज्ञ को कभी दिखाया नहीं जाता।" यह चीनी विशेषज्ञ पूरी निष्ठा के साथ कोशिश करता है कि मूल चीनी पाठ और विदेशी भाषा के पाठ में अंतर न हो। हाँ, शब्दों की शब्दों से पटरी बैठाते वक़्त वह पुराने कोशों से आगे कभी नहीं सोचता। दूसरे, चीनी भाषा की गूढ़, घुमा-फिराकर कहने की शैली को वह अक्षरशः बरकरार रखने की कोशिश करता है, भले ही अनुवाद-भाषा का मूल स्वभाव इससे मेल नहीं खाता हो। तीसरे, यदि पहले के समय में कोई शब्द ग़लत अनूदित हो गया हो तो अब वह उसे बदलेगा नहीं। अगर पहले से ही 'पचासवाँ दशक' या 'कुंजीभूत' या 'अलग-अलग तौर पर' या 'बीसेक सालों में', 'अनेकों', 'विदेशों', 'पिछले वर्ष की इसी मियाद में', आदि-आदि पदों का प्रयोग होता रहा हो तो इन्हें बदलना, नये को प्रचलन में लाना बेहद मुश्किल काम है। वचन और लिंगभेद के बारे में तो अनगिनत उदाहरण होंगे, जिनके लिये एक अलग ग्रंथ की आवश्यकता होगी।

19 नवम्बर

आज पेइचिंग में इस मौसम का और मेरे जीवन का पहला हिमपात देखा। पिछले वर्ष 3 नवम्बर को हिमपात हुआ था, किन्तु इतना अधिक नहीं था, लोगों को कहते हुए सुना। अनिवर्चनीय दृश्य था, बिलकुल कल्पनातीत। मैंने तो खिड़कियों के बाहर इसे घना सफ़ेद कोहरा समझा था। कु चुएन का अचानक 7 बजे फ़ोन आया, तब मैं बाहर निकला। बर्फ़ के हल्के फुरफुराते फाहे गिर रहे थे। होटल के नंगे चिनारों को धीरे-धीरे बर्फ़ की चाँदी ढकती जा रही थी। कुछ ही देर में शहर की सड़कों पर एक-एक फुट से भी अधिक बर्फ़ की परत छा गयी। चारों

तरफ़ सफ़ेद बुर्राक बर्फ़ के गाले छा गये। फिर भी लोग बच्चों सहित साइकिलों पर काम पर निकल पड़े थे। दो दिन तक इसी तरह बर्फ़ गिरेगी। इसके बाद ज़बरदस्त ठंड पड़ेगी। वर्ष में कोई तीन-चार बार पेइचिंग में हिमपात होता है। पतझर से नंगे-वीरान हुए पेड़ों को बर्फ़ की सफ़ेद रूह ने पूरा ढक लिया। मुलायम बर्फ़ की ठंडी स्वादहीन चुस्की को मैंने मुँह में डाला, कुछ देर उसे अपनी दोनों दुखती आँखों पर लगाये रहा। मॉरिस के साथ बस में जॉन मेंस्फील्ड की 'लंडन स्नो' कविता पर चर्चा हुई। हिमपात में निस्संगता और आत्मीयता दोनों का अपूर्व संगम होता है। निर्जीव, निस्पृह दैन्यभाव है पर साथ ही सब कुछ को अपने स्नेहासिक्त आवेश में ढकने की दुर्दमनीय जिजीविषा भी है।

26 नवम्बर

21वीं शताब्दी की तैयारियों में जुटे चीनी विद्वान एशिया की सांस्कृतिक धरोहर को कलमबंद करने में लगे हैं। तीन सांस्कृतिक योजनाएँ समय रहते पूरी होनी हैं: (1) एक प्राच्य संस्कृति कोश का निर्माण। यह विश्वकोश पचास से अधिक एशियाई देशों व उत्तरी अफ्रीका की कम-से-कम पाँच सौ दुर्लभ पुस्तकों में समाहित भाषा, साहित्य, कला, दर्शन, धर्म, राजनीति, कानून, अर्थशास्त्र आदि विषयों की जानकारी देगा। (2) 'सीकु छुएन शू' ग्रंथ में वर्णित पचास हज़ार पुस्तकों का पुनर्प्रकाशन। इस ग्रंथ को छिंग राजवंश 1644-1911 के दौरान 'साहित्य की चार विधाओं पर प्रकाशित सम्पूर्ण ज्ञान का भंडार' समझा जाता है। छिंग सम्राट ने इन पुस्तकों के प्रकाशन पर प्रतिबंध लगा दिया था। (3) एक द्विमासिक पत्रिका, *प्राच्य* (*ओरियेन्ट*) का प्रकाशन किया जायेगा, जिसके माध्यम से एशिया-अफ्रीका की संस्कृति और चीनी बौद्धिकों के इसमें किये अवदान के बारे में लिखा जायेगा। ये तीनों योजनाएँ चीनी प्राच्य अध्ययन संघ द्वारा प्रस्तावित हैं जो एक ग़ैरसरकारी संस्था है। इसके अध्यक्ष विश्वविख्यात चीनी विद्वान प्रो. ची शियालिन हैं। प्रो. ची शियालिन की राय में, "आर्थिक विकास और सांस्कृतिक प्रगति दोनों समान रूप से होनी चाहिए। अगली सदी में प्राच्य संस्कृति एशिया-अफ्रीका के देशों के गतिशील आर्थिक विकास में अहम भूमिका अदा करेगी।"

30 नवम्बर

चीन में नये बुर्जुआ वर्ग का उदय हुआ है। नीला और लाल रंग एक तरह से खारिज़ हो गये हैं। इन रंगों के कोट छठे व सातवें दशकों की बीती कहानियाँ कहते हैं। किन्तु सांस्कृतिक क्रांति के प्रति घृणाभाव और गुस्सा चीनियों में इस कदर गहरा है कि वे उस काल और उससे पहले के माओवादी प्रभावों को याद नहीं करना चाहते। श्रीमती ल्यो हुवे ने जो रूई भरा कोट मुझे सर्दी से बचने के लिये लाकर दिया, उसे पहने देखकर लोग मेरे प्रति अत्यन्त हिक़ारत का भाव दिखाते हैं। यहाँ तक कि मुझे सिंचुआन प्रान्त का कोई गरीब मुस्लिम अल्पसंख्यक समझा जाता है। आज इस कोट के पहने होने पर बस से उतरते वक़्त महिला कन्डक्टर ने टोक दिया कि मैंने टिकट लिया है या नहीं। यह पहली बार हुआ कि कोई कन्डक्टर मेरे चेहरे को इस कदर भूल जाये कि मुझे गाँव का कोई अशिक्षित किसान या मज़दूर समझे। ख़ैर, टिकट जेब में था सो अपमान अधिक नहीं हुआ। आज के बदलते चीन में अति सम्पन्न या अति विशिष्ट वर्ग चमड़े के कोट, जर्किनें पहनता है। एक चमड़े की जर्किन एक हज़ार से दो हज़ार यूएन के बीच हो सकती है और फ़र का रूसी टोपा, कोट दो सौ से पाँच सौ यूएन तक। जो 'चमड़ा-वर्ग' से कुछ नीचे हैं, वे लोग ऊनी लम्बे ओवरकोट पहनते हैं जो पाँच सौ से लेकर आठ सौ यूएन तक मिल जायेंगे। अतः मेरे वास्ते बत्तख के पखोंवाला गुदगुदा कोट ही बेहतर होगा। इससे तेज़ सर्दी और हवा से बचाव हो सकेगा।

3 दिसम्बर

चीन में अवसाद की एक दीर्घ परम्परा है। प्रेम-संबंधों, कला-सृजन तथा बौद्धिक कार्यों में यह अवसाद सदैव छाया की तरह बना रहता है। कई कवियों ने, शू यूएन से लगाकर धुँधवादी कु छिंग तक ने अवसादग्रस्तता में आत्महत्याएँ की हैं। युवा प्रेमी-युगलों की परस्पर लीलाओं में भी अवसाद व्याप्त है। कैरोओके के अनेक गीत-दृश्यों में मैंने लड़के-लड़की के चेहरों पर गहरी उदासी और हताशा देखी है। बिलकुल रुग्ण, शांत भावुकतापूर्ण पीली-पीली उदासी। ऐसा क्यों है? विशेषज्ञों की राय में जापान में यह और भी गहरा स्थायी भाव है।

आम जापानी, चीनियों से भी ज़्यादा उदास नज़र आयेंगे। वहाँ सुरक्षा की भावना कम है। सुन पाओ कहते हैं, ''इसका कारण नास्तिकवाद या किसी भी तरह की धार्मिक आस्था का अभाव हो सकता है।'' यह पूँजीवाद की ओर संक्रमण करते चीन में और भी अधिक बढ़ता जा रहा है। मैंने उसे चीनी परिवारों की टूटन में भी महसूस किया है। विवाहपूर्व के संबंधों में उन्मुक्तता के साथ पारम्परिक समाज-दृष्टि का अभाव है। आम चीनी महिला दोनों, यानी पारम्परिक और आधुनिक खिंचावों के बीच फँसी है। विवाह उपरांत संबंधों में भी निराशा और उत्साहहीनता है, नवीनता की तलाश है।

कल बैल (Bell) टेंपल में (प्राचीन घंटियों का पाँच हज़ार वर्षों का ऐतिहासिक संग्रहालय) एक दिलचस्प नज़ारा देखा। तीन विदेशी पर्यटकों के साथ उनकी तीन चीनी महिला-मित्र आयी थीं। किन्तु जब कैमरा उनकी तरफ़ मुख़ातिब होता तब ही तीनों महिलाएँ दूर पृष्ठभूमि में छिपने के लिये सरक जातीं। इस तरह पारम्परिक समाज का भय आधुनिक होती मुक्त चीनी महिलाओं को हमेशा सजग रखता है। कोई एक आस्था का सूत्र नहीं है जो जीवन में निरन्तर उत्साह बनाए रखे। अब तो विचारधारा की भी आंतरिक शक्ति प्रेरणा और उमंग नहीं भरती। अतः अवसाद और भौतिकवाद से उपजी परितृप्ति उदासी में बदल जाती है।

7 दिसम्बर

मैंने कभी इससे पहले भारत में पूरे विकसित विशाल वृक्षों को जड़-समेत बाहर निकाल कर दूसरे स्थान पर रोपे जाते नहीं देखा। चीन में यह आम बात है। चीड़, विलो, गिन्को आदि प्राचीनतम वृक्षों को, ख़ासतौर पर सर्दी के मौसम में, खोदकर निकाला जाता है और उनका प्रत्यारोपण किया जाता है। वृक्षों की जड़ों को मज़बूती से लकड़ी के कठघरों में बाँध दिया जाता है और पूरा वृक्ष अपने मूल मिट्टी के पिंड समेत दूसरे स्थान पर लगा दिया जाता है। इन दिनों तीसरी रिंग रोड व पुल आदि का निर्माण कार्य चल रहा है। मीलों लम्बी सड़क के दोनों ओर लगे चीड़ के विशाल वृक्षों को खोदकर निकाला जा रहा है। चीन में निर्माण कार्य चौबीस घंटे चलता है। जापानी विशेषज्ञों की राय में उनके देशवासी चीनियों से भी ज़्यादा कर्मठ हैं। लेकिन भाग्यवान इतने नहीं

हैं। प्रकृति उनका साथ नहीं देती है। चीन की दूसरी विशेषता सब्ज़ियाँ उगाने में देखी जा सकती है। सब्ज़ियों की क्यारियों पर पोलीथिन की चादर चढ़ा दी जाती है, भले ही खेत कितना भी विशाल क्यों न हो। सारी बाड़ियाँ इसी तरह पोलीथिन की झोपड़ियों जैसी लगती हैं। इस विधि से मौसम के दुष्प्रभाव से खेत बचे रहते हैं और फ़सल भी उन्नत प्रकार की होती है।

22 दिसम्बर

आज बीबीसी ने अपने टेलिकास्ट में अद्‌भुत दृश्य दिखाया : चीन के दक्षिण-पश्चिम में स्थित एक विशाल पहाड़ को चीनी इंजीनियरों ने कुछ ही मिनटों में मलबे के ढेर में बदल दिया। बताया गया कि हवाई अड्‌डे के लिये जगह की ज़रूरत थी। डाइनामाइट का यह चमत्कार चीन की ताकत साबित करता है। अचरज नहीं कि चीनियों ने 6,700 किलोमीटर लंबी ग्रेट वॉल बना डाली जो मानव इजीनियरिंग की कल्पनातीत मिसाल है।

26 दिसम्बर

बीबीसी ने चीन और माओ त्ज़ेतुंग के बारे में प्रतिकूल टिप्पणी की है। माओ के चरित्र के बारे में, उनके स्त्री-संबंधों के बारे में उनके निजी डॉक्टर के हवाले से बीबीसी ने एक फ़िल्म दिखाई जिसका सारे चीन में व्यापक विरोध हुआ है। बीबीसी ने चतुराई से तंग स्याओ फिंग द्वारा माओ की 'आलोचना' करने के बारे में रिपोर्टिंग की। साथ ही, चीनियों द्वारा ल्हासा में पुनर्निर्माण दिखाकर चीन के मानवाधिकारों का उल्लंघन करने का मुद्दा उठाया है। माओ जन्म-शताब्दी वर्ष में बीबीसी का प्रमुख कटाक्ष मानवाधिकारों, तिब्बत और चीनी कम्यूनिस्ट पार्टी में व्याप्त भ्रष्टाचार पर है। उधर माओ के सम्मान में पेइचिंग और समस्त चीन में समारोह हो रहे हैं। चीनी नेता यह स्वीकार करते हैं कि माओ ने अपने जीवन के अंतिम काल में अनेक भूलें की थीं। वे यह भी मानते हैं कि चीन के लिये माओ का योगदान महानतम है और अगर माओ की पुनर्प्रतिष्ठा होती है तो आर्थिक रूपान्तरण और आधुनिकीकरण की गति तेज़ होगी।

माओ ने बहुत सादगीपूर्ण जीवन जिया। शायद मृत्यु के समय मात्र चालीस यूएन बैंक-बैलेंस था। अभी भी उनका अपंग पुत्र अपने बिजली-पानी के बिल स्वयं चुकाता है। माओ ने कभी भी वस्त्रों, जूते-चप्पलों आदि पर अधिक खर्च नहीं किया। वही बंद गले का कोट, किताबें, फटे-पुराने जूते-चप्पलें, लकड़ी का पुराना बड़ा पलंग जिसके पास पुस्तकों का ढेर, अलमारी, फटी हुई एक चटाई, रफू की हुई कमीज़...ये ही उनकी वसीयत हैं। जब चीन में तीन वर्षों (1959-61) तक प्राकृतिक प्रकोप रहा तो मांस नहीं खाया। उनके शयनकक्ष के पीछे पार्टी के बैठकखाने में एक सोफ़ा सैट ज़रूर दिखायी देता था, क्योंकि विदेशी मेहमानों से मुलाकातें होती थीं। पुस्तकों की रॉयल्टी लगभग दस लाख यूएन कमाई, किन्तु सब बैंक में सार्वजनिक कार्यों के लिये जमा करवा दी। खुद पर कुछ भी खर्च नहीं किया।

माओ का परिवार :

1. बड़ा बेटा कोरियाई युद्ध में दिवंगत हुआ।
2. दूसरा बेटा जीवित है, अपंग है। नाम-माओ अनछिंग।
   दो लड़कियाँ : लीना और ली मिन। कोई भी ऊँचे पद पर नहीं है।
3. तीन पत्नियाँ :
   पहली पत्नी : यांग हाई हुई, क्रांति के दौरान शत्रु की जेल में मृत्यु। उनसे ही दो बेटे हैं।
   दूसरी पत्नी : ख़ाचिचिन, कुछ साल पहले मृत्यु। लम्बे समय तक बीमार रहीं।
   तीसरी पत्नी : फ़िल्म स्टार चांग छिन। सांस्कृतिक क्रांति के चौगुटे की नेता। कारावास में मृत्यु।

1994

7 जनवरी

आज दीदी सुन कुई ईन ने राष्ट्रप्रेम के लिये त्याग करने का अत्यन्त उच्च आदर्श मुझे समझाया। इसे चीनी भाषा में 'फिंग ल्यांग सीन कानहुआ' कहते हैं। यानी हरेक देशवासी को सदैव ज़िम्मेदारी और अच्छी भावना से काम करना है। चीनी मित्र कम वेतन दिये जाने पर प्रायः इस मुहावरे को दोहराते हैं। पूरी निष्ठा, ईमानदारी और मेहनत से काम करने की भावना का यह महामंत्र उन्हें जीवन की प्रतिकूल परिस्थितियों और अभावग्रस्तता में देश के लिये त्याग करने को प्रेरित करता है। पूँजीवाद की ओर संक्रमण करते चीन में अब यह भावना कम होती जा रही है। लोग धन कमाने के लिये मुख्य आजीविका, जैसे सरकारी नौकरी जहाँ अपेक्षाकृत कम वेतन मिलता है, को अनिच्छा और चलताऊ ढंग से पूरा करने लगे हैं। फिर भी, अधिकांश चीनियों के लिये 'फिंग ल्यांग सीन' अभी भी सार्थक है और वे दीदी सुन कुए ईन की तरह सोचते हैं कि खुद के लिये नहीं, देश के लिये काम करना है।

1972 में पेइचिंग एक बड़े गाँव जैसा था। कुल आठ महीनों में ग्रेट हॉल ऑफ़ दी पीपुल, म्यूज़ियम, थेयनानमन आदि कोई 30 बड़े निर्माण किये गये। खुद माओ त्ज़ेतुंग और चाओ एनलाई ने पेइचिंग के बाँध पर जाकर काम किया। रात में वहाँ एक कोठरी में सोये। नतीजतन, चीन को नेतृत्व और जनता ने मिलकर आज एक अत्यन्त शक्तिशाली, समृद्ध देश में बदल दिया है। जबकि इससे पहले आठ बार बाहरी आक्रमणकारियों ने बहुत कुछ नष्ट कर दिया था। पेइचिंग की जनता अपने काम के समय के बाद भवनों के निर्माण कार्य में श्रमदान करने जाती थी। 'फिंग ल्यांग सीन' की भावना उस वक़्त कितनी प्रबल थी इसका अन्दाज़ा नये पेइचिंग को देखकर लगाया जा सकता है।

14 जनवरी

आज आगामी वसन्त त्योहार (10 फरवरी) के उपलक्ष्य में रेडियो के प्रत्येक कर्मचारी को मुफ़्त 25 किलो चावल वितरित किये गये। इससे पूर्व भी कर्मचारियों की यूनियन मांस और तेल आदि बाँट चुकी है। सुबह से ही हम सभी में बहुत उत्साह था। चीनी बंधु चावल के कट्टे ढोने के लिये पहियों वाली ढकेलें लेकर आए थे। चावल की क्वालिटी ठीक-ठाक है। आमतौर पर इसी किस्म का चावल खाया जाता है। बाज़ार में इसका मूल्य लगभग आधा किलो का सात माओ यानी दस रुपये से कम है। सब साथी अपने कट्टों के साथ दूसरे अनुपस्थितों के कट्टे भी ढोकर लाये हैं, क्योंकि ड्यूटी पर भी तो किसी-न-किसी को होना ही था।

17 जनवरी

रूसी विशेषज्ञ ब्लादिमीर और उनकी पत्नी अपने बेटे ग्रीशा की बीमारी को लेकर बहुत चिंतित हैं। पिछले कई महीनों से लड़का कमज़ोर होता जा रहा है। उन्होंने सब प्रकार की जाँच करवाई हैं, किन्तु चीनी डॉक्टर अभी तक किसी निदान पर नहीं पहुँचे हैं। रक्त कैंसर की भी आशंका है, किन्तु चीनी डॉक्टर इसे खारिज़ करते हैं। ब्लादिमीर कई वर्षों से रेडियो में कार्यरत हैं। रूस की घटनाओं और येल्तसिन द्वारा ड्यूमा पर किये हमले और ज़ेरीनोवस्की की पगलाई टिप्पणियों को लेकर मैंने कई बार ब्लादिमीर को अत्यन्त गुस्से में देखा है। किन्तु अब ग्रीशा की बीमारी!! वे बस में आते-जाते वक़्त बहुत तनावग्रस्त दिखायी देते हैं। जब उन्होंने ऐलोपैथी के चीनी डॉक्टरों से पारम्परिक चीनी विशेषज्ञों की भी सलाह लेने का आग्रह किया, तो एक महिला ऐलोपेथिक डॉक्टर ने अपने सहकर्मियों का पक्ष लेते हुए कहा कि ब्लादिमीर को ऐलोपैथी के डॉक्टरों का कहना मानना चाहिए। उस महिला डॉक्टर ने भूख बढ़ाने की पारम्परिक चीनी दवा लिख कर ब्लादिमीर को रुखसत किया। वे बहुत क्षुब्ध हुए। उन्होंने इसे चीनियों की 'एकजुटता' का एक 'शानदार उदाहरण' कहा।

19 जनवरी

वसन्त त्योहार (छुनचिए) की तैयारियाँ ज़ोर-शोर से चल रही हैं। इस मौके पर मेहमानों का ताँता लगा रहता है। भारत की दीपावली की तरह चीनी घरों में सफ़ाई, सजावट होती है। नये-नये वस्त्र, उपहार खरीदे जाते हैं। पकवान बनाये जायेंगे। नया फ़र्नीचर खरीदा जायेगा। चीनी नव-वर्ष, चीनी चन्द्र पंचांग के अनुसार बारहवें चन्द्र (शुक्ल पक्ष) का अंतिम दिन, वसन्त त्योहार से शुरू होता है। वैसे भी इतनी लम्बी सर्दियों के कष्टों के बाद तापमान का कुछ सुहावना होना और सुशुप्त अवस्था से प्रकृति का धीरे-धीरे आँखें खोलना—इसे विशेष उत्सवी धज देता है। चीनी इस अवसर पर अपने अतिथियों, संबंधियों का खूब स्वागत करते हैं।

वांग ली के माता-पिता ने बहुत दिन पहले ही मुझसे कह दिया है कि वे त्योहार पर मेरी प्रतीक्षा करेंगे। लेकिन उसी दिन मेरा जन्मदिन है और जन्मदिन पर किसी के घर जाने के बजाय मैं सुंगशान या लिंगशान पर्वत के अरण्य में घूमना अधिक पसन्द करूँगा। चीनियों को वसन्त त्योहार पर दस दिन का विशेष अवकाश मिलेगा, तो मुझे पाँच दिन का। इस अवकाश की क्षतिपूर्ति करने के लिये चीनी बंधु तेज़ गति से काम निपटाने में लगे हैं। उनकी कछुआ चाल खरगोश और फिर हिरण की चौकड़ी में बदलती प्रतीत हो रही है।

21 जनवरी

च्यांग शान (नदी-पर्वत) के साथ दूतावास तक जाने में अनेक सनसनीखेज अनुभव हुए। उसकी साफ़गोई और चारित्रिक दृढ़ता से बहुत प्रभावित हुआ। उसने मुझे टैक्सी का किराया नहीं देने दिया। उसने अपनी बहन के घर जाने के लिये रिक्शा किया। पहली बार यूई शांतेन से रीथान तक गुदगुदे रिक्शे में सैर बहुत दिलचस्प रही। किराया था दस यूएन जो च्यांग शान ने ही दिया। च्यांग शान के स्वर की दूतावास के प्रथम सचिव संजय वर्मा ने भी बहुत प्रशंसा की। उन्होंने उसे भारत के बारे में एक कलात्मक पुस्तक और भारतीय संगीत का वीडियो कैसेट भी भेंट किया। बाहर दरवाज़े तक छोड़ने आए।

रीथान में च्यांग शान की बहन सड़क किनारे की एक गाड़ी में चलते

रेस्तराँ में काम करती है। च्यांग मुझे इस गाड़ी में ले गयी। दूध पिलाया। फिर उसने उसकी चिरपरिचित व्यस्तता (बार-बार फ़ोन करना) पास के बूथ पर पूरी की। मैं पैदल यूई शांतेन के बस-स्टॉप तक जाने के लिये तैयार था तो उसने कटाक्ष किया कि भारतीय बहुत मज़बूत और मेहनती होते हैं। खूब पैदल चल सकते हैं, कोई शक नहीं। लेकिन फ़िलहाल एक ठेला ठीक रहेगा। तय हुआ कि कपड़ों की गाँठें ढोने वाले खुले ठेले पर बैठकर हम दोनों बस-स्टॉप तक चलेंगे। हमने बस-स्टॉप तक पहुँचाने के पाँच यूएन दिये। च्यांग शान बहुत खुश है कि उसे भारतीय दूतावास द्वारा 26 जनवरी को होटल शेरटन में आयोजित पार्टी का निमंत्रण मिला है। लेकिन उसे अफ़सोस है कि उसे अंग्रेज़ी और हिन्दी नहीं आती। छोटी-छोटी खुशियों, उपहारों से खुश हो जाना चीनियों का आम स्वभाव है। अगर आतिथ्य में कहीं कोई छोटी-सी भी चूक हो जाए तो तुरंत बुरा भी मान जाते हैं।

22 जनवरी

ब्लादिमीर के साथ पटरी बाज़ार जाना बेहद किफ़ायती होता है। वह हमेशा सस्ती चीज़ों की तलाश में रहता है और मोल-भाव करता है। उसका कहना है कि रेडियो की इस नौकरी में थोड़े-से वेतन से उसे जैसे-तैसे गुज़ारा करना होता है। आय का दूसरा स्रोत भी नहीं है। उसने ग्रीशा के लिये एक जीन्स खरीदी, मात्र बीस यूएन में। अपनी पत्नी के लिये स्कार्फ़ लिया, मात्र पाँच यूएन में। मछली एक जगह पाँच माओ सस्ती थी सो वह ली। ब्लादिमीर अनेक भाषाएँ धाराप्रवाह बोलता है। अच्छी चीनी बोलने के कारण दुकानदार उसके साथ कुछ रियायत कर देते हैं।

24 जनवरी

विभाग के दरवाज़े पर श्री हू वए मिन ने एक अत्यन्त अश्लील कैलेंडर टाँगा है। मगर इस बारे में कोई विशेष प्रतिक्रिया नहीं है। एशिया विभाग के हमारे नेता श्री छन चुंग रुंग भी इसे देखकर केवल हँसे और कहा, "हमारे विभाग में जवान लोग हैं, यह इस बात का प्रमाण है।" कैलेंडर का दूसरा पृष्ठ जब उन्होंने पलटकर देखना चाहा तो मैंने उन्हें रोका। लेकिन उनकी जिज्ञासा प्रबल

थी। हू, जो शायद 30 वर्ष के आस-पास होंगे, बोले, "हमारे वरिष्ठ नेता भी दिल से बहुत जवान हैं।" विभाग की महिलाएँ खामोश हैं, श्रीमती ल्यू हुवे हँस रही हैं। विभाग में पीकिंग विश्वविद्यालय (पेता) से एक नयी लड़की आयी है, यू यांग। चार वर्ष में पेता से हिन्दी स्नातक की डिग्री प्राप्त की है और एक वर्ष थेनचिन शहर के एक कारखाने में प्रशिक्षण के बाद यहाँ नियुक्त हुई है। आज सुबह जब मैं पहुँचा तो वह बड़ी लगन से कमरे में पोंछा लगा रही थी। रेडियो के दूसरे विभागों में भी आज नव-नियुक्त छात्रों की खेप दिखाई दी। सब युवा हैं और प्रसन्न व उत्साह से भरे हैं। सब के सब मुख़्तसर कारखानों में काम करने के बाद नौकरी पर लगे हैं।

26 जनवरी

भारत के गणतंत्र दिवस पर दूतावास में झंडारोहण और अपराह्न चार बजे से पाँच बजे तक शेरटन होटल में अल्पाहार का आयोजन है। राजदूत श्री दास गुप्ता अवकाश पर हैं, अतः चार्ज-दि-अफ़ेयर्स श्री जयशंकर (दक्षिण भारतीय) ने झंडा फहराया। फिर राष्ट्रपति जी का अंग्रेज़ी में छपा संदेश पढ़कर सुनाया। पूरे कार्यक्रम में हिन्दी कहीं नहीं सुनायी दी। शाम को होटल की ही तीन लड़कियों को भारतीय साड़ियाँ पहनाकर दरवाज़े पर खड़ा कर दिया गया। खाना सारा यूरोपीय शैली का और बेस्वाद। चीनियों के लिये कहने को बहुत मसाले वाला। गणतंत्र दिवस पर भारतीयता के दर्शन या तो झंडे में थे या उन तीन साड़ियों में लिपटीं, सजी-धजीं लड़कियों में। भारतीय समाज कभी-कभार अंग्रेज़ी के बीच में हिन्दी बोल लेता है। बस!!

28 जनवरी

'चिए ताओ वए येन खुए' यानी आवास प्रबंधन समिति—चीन के हरेक शहर, कस्बे के मोहल्लों में ऐसी समितियाँ बनी हुई हैं। इनसे ऊपर आती हैं ज़िला समितियाँ। यह जनता की खुद की व्यवस्था है। इनमें सरकार का कोई दख़ल नहीं है। ये समितियाँ हरेक मोहल्ले/ज़ोन पर नियंत्रण रखती हैं।

ये आगे बढ़-चढ़कर स्वस्थ प्रतियोगिता के सिद्धांत पर सामाजिक/सार्वजनिक कार्यों में हिस्सा लेती हैं। इनके नेताओं के चुने जाने का पार्टी

व सरकार द्वारा अनुमोदन होना ज़रूरी होता है। पुलिस और प्रशासन इनके कहने का, शिकायतों का तुरंत संज्ञान लेता है। इन्हें ज़िला समिति की ओर से काम करने के लिये भरपूर आर्थिक अनुदान मिलता है। कुछ आंशिक अल्प मदद मोहल्ले/ज़ोन के सब सदस्यगण देते हैं। चीन के शहरों की सफ़ाई और रिहायशी कॉलोनियों की सुचारू व्यवस्था इन्हीं समितियों की बदौलत है। यहाँ तक कि इन समितियों के कर्मठ सदस्य आपके पत्रों को आपके घर के पते पर पहुँचाने, उद्यान में पेड़ लगवाने, आपके द्वारा समय-समय पर श्रमदान करवाने आदि कार्यक्रम तय करते हैं। इन व्यवस्थाओं के पीछे अध्यक्ष माओ चूशी (माओ त्ज़ेतुंग) का रचनात्मक दिमाग़ रहा है। आज भी पेइचिंग जैसे महानगर में ट्रैफ़िक संचालन में सहयोग देने के लिये आए-दिन अपने मोहल्ले/ज़ोन की मुख्य सड़कों पर समितियों के सदस्य झंडियाँ लिए ट्रैफ़िक व राहगीरों को संचालित करते दिखायी दे जायेंगे।

29 जनवरी

आज मैं चीनियों की ईमानदारी से बेहद प्रभावित हुआ। सड़क पर चलते हुए मेरी जेब से कोई तीन-चार दस-दस यूएन के नोट गिर गये थे। मेरे पीछे दौड़ता एक शख़्स मुझे बहुत देर तक पुकारता रहा। लेकिन मैं चलता रहा। मैंने सोचा कि वह किसी और को पुकार रहा है। बहुत आगे निकल जाने पर रुका तो देखा कि यह तो मुझे ही पुकार रहा है। उसने मुझे गिरे हुए नोट दिये। वह इतना अधिक दौड़ा था कि हाँफ़ रहा था। नोट पूरे और सही सलामत थे। मैंने उसे हार्दिक धन्यवाद कहा। लेकिन उस वक़्त मैं उसकी ईमानदारी और मेहनत से अभिभूत और अवाक्-सा था। अभी भी चीनी समाज में कन्फ़्यूशियस की नैतिक शिक्षाओं का गहरा असर है। कोई चीनी गिरा हुआ नोट, सिक्का कभी भी उठाकर जेब में नहीं रखता है। किसी दूसरे की चीज़ को हाथ लगाना पाप है।

31 जनवरी

सीतान के भीड़ भरे बाज़ार की पटरी पर तीन अंधे संगीतकार अक्सर बैठे मिलते हैं। एक गिटार बजाता है, दूसरा, अड़हू, तीसरा, छिन। ये तीनों चीन

के प्राचीन क्लॉसिकल संगीत की मधुर धुनें प्रस्तुत करते रहते हैं। आज मैंने महान वादक हुवा येन चुन आ पिन रचित धुन उनसे सुनी। आते-जाते लोग थम गये और छिन वादक की खाली पेटी में नोटों का ढेर लग गया।

मैंने कई चीनियों को दो-दो यूएन तक डालते देखा। तीनों अँधे बहुत प्रवीण कलाकार हैं। जो गिटारिस्ट है, वह विदेशी और प्राचीन चीनी धुनें बजाने में दक्ष हैं। चीन के महान संगीतकार हुवा येन चुन आ पिन जीवन के अंतिम चरण में दृष्टिहीन हो गये थे। मुझे अनायास ही मेरा शिष्य वसंत कुमार, जिसके साथ मैंने बहुत से राग गाये और संगीत शिक्षक नासिर मोहम्मद याद आ गये। किन्तु भारत की अपेक्षा पेइचिंग में संगीत कला और दृष्टिहीन संगीतकारों के अन्त:सम्बन्ध अधिक घनिष्ठ और संवेदनशील लगते हैं।

2 फरवरी

त्योहार की गहमागहमी में चीज़ों के दाम बहुत तेज़ी से बढ़ते जा रहे हैं। लेकिन चीनियों में खरीददारी की क्षमता भी दिखायी देती है। बड़े बाज़ारों में दामों में भिन्नता है। एक बाज़ार में दूध की बोतल पाँच यूएन की मिली, तो दूसरे बाज़ार में वही बोतल साढ़े छह यूएन की थी। मिश्रित पूँजी के उद्योगों के उत्पाद और विदेशी आयातित उत्पाद अचानक बेहद महँगे हो गये हैं। लोग कहते हैं कि इसकी वजह डॉलर का सरकारी मूल्य बढ़ना है। अचानक चीन सरकार ने बड़ी सख़्ती के साथ दोहरी मुद्रा व्यवस्था समाप्त कर दी और डॉलर के काले बाज़ार को धराशायी कर दिया। चुपचाप, बिना किसी विरोध के इतना बड़ा परिवर्तन हो गया और डॉलर की कालाबाज़ारी से जो मुद्रास्फीति हो रही थी, उसमें ठहराव आ गया। विदेशी विशेषज्ञ संकट में हैं, क्योंकि चीन सरकार बाज़ार भाव से डॉलर-मूल्य के मुताबिक वेतन देती है। अत: डॉलरों में मिलने वाला वेतन कम हो गया है। विदेशियों के कम वेतन पर सरकार कोई निर्णय अभी तक नहीं ले सकी है जबकि वसन्त त्योहार से पूर्व चीनियों का वेतन सौ से तीन सौ यूएन तक बढ़ने की संभावना है। देखें, विशेषज्ञों का क्या होता है? चीनी मित्र त्योहार से पहले ही वेतन-वृद्धि का लाभ लेना चाहते हैं। वैसे भी, महँगाई बढ़ने से वेतनभोगियों के लिये तीन-चार सौ यूएन में गुज़ारा करना कल्पना से परे है।

3 फरवरी

चीनी लोग अधिक समय तक खाद्यान्नों व फल-सब्ज़ियों पर बात नहीं कर सकते हैं। वे तुरन्त मांसाहार पर आ जायेंगे। कोई लेख खाद्यान्नों, कृषि-उपजों की बढ़िया किस्मों के बारे में होगा, किन्तु उसमें भी लिखा मिल जायेगा कि *''फलां-फलां काउन्टी में 37 लाख बढ़िया किस्म के मुर्गे-मुर्गियाँ पाले गए हैं...मुर्गों के बाल सफ़ेद और हड्डियाँ काली हैं। ऐसे मुर्गों का मांस महिलाओं के स्वास्थ्य के लिए मुफ़ीद है। अतः ऐसे मुर्गों का दवा के लिये काम-तमाम किया जायेगा।''* चीन में ऐसा कोई जीव नहीं होगा जो स्वास्थ्यवर्धक भोजन और दवाइयों के काम न आता हो ? समस्त सृष्टि के जीव-जंतुओं, वनस्पतियों की रचना मनुष्य जाति के लिये ही तो हुई है और सबसे ऊपर महामनुष्य चीनी...।

4 फरवरी

अवकाश के बारे में चीनियों में कठोर अनुशासन है। वसन्त जैसे सबसे बड़े त्योहार पर भी रविवार को मिलाकर कुल चार दिन का अवकाश है। इस पर भी रेडियो के कर्मचारियों को बारी-बारी से ड्यूटी देनी है। बाद में इसके एवज़ में आधे दिन का अवकाश मिलेगा। अवकाश कब होगा, कितने दिन का होगा इसकी बहुत पहले से कोई जानकारी नहीं दी जाती है। रेडियो के कैलेंडर में केवल वसन्त त्योहार पर ही चार दिनों का अवकाश है। राष्ट्रीय दिवस यानी 1 अक्टूबर को एक दिन का अवकाश और होता है, अन्यथा कुल एक वर्ष काम करने पर 30 दिनों का अवकाश दिया जा सकता है। यदि बीच-बीच में अवकाश के दिन लिए जाते हैं, तो उनकी पूर्ति इन तीस दिनों की अवधि में से की जाती है। विभाग द्वारा भ्रमण कार्यक्रमों के दिनों की भरपाई भी इसमें से ही की जाती है। वैसे, अधिकारी और खुद के बीच आपसी समझ से कभी भी जल्दी आया-जाया जा सकता है। चिकित्सा अवकाश के लिए कोई बंधन नहीं है।

3 मार्च

क्रेकल ग्लास के घोड़े और सुन्दरियाँ! हमारे हिन्दी विभाग की पैंतीसवीं वर्षगाँठ पर विभाग में पूर्व में कार्यरत व्यक्ति ने प्रत्येक सहयोगी को ये घोड़े

और सुन्दरियाँ उपहारस्वरूप दिये हैं। प्रो. सुन पाओ कांग ने बताया कि वे सज्जन अब हांगकांग में व्यापार करते हैं, पूँजीपति हैं। विभाग के अपने साथियों के प्रति बहुत स्नेह और सम्मान रखते हैं।

7 मार्च

बहुत दिन हो गये चियानपीन खाए हुए। मैं उसकी दुकान से बच कर निकल जाता हूँ। वह सोचती होगी, मुसाफ़िर था, देश लौट गया। लेकिन इस बीच और कहीं भी चियानपीन नहीं खाया। भूख लगती है तो चियानपीन वाली दुकान से बचता हुआ, मुस्लिम भाइयों की गली से तंदूरी रोटियाँ लेकर आ जाता हूँ।

24 मार्च

अब बस एक-एक दिन गिनना शुरू कर दिया है। वेतन की प्रतीक्षा है, और एक बार फिर बाज़ार की खरीददारी और थकान। मैं मन से लौटने लगा हूँ। यह एक-एक दिन सीढ़ियाँ उतरने की तरह है। सिर्फ़ अट्ठाईस सीढ़ियाँ उतरनी हैं और फिर से तेरी जीर्णशीर्ण गोद में, ओ मेरी मातृभूमि!! तेरी लपटें, लुएँ मुझे पूरी तरह शुद्ध करके फिर से अपने में समो लेंगी...।

कुछ अनूदित चीनी कविताएँ

ज़ोंग्ज़ी, तुम्हारे पांव पड़ती हूँ

ज़ोंग्ज़ी, तुम्हारे पांव पड़ती हूँ

मत कूदो हमारे आंगन में
बेंत के पेड़ टूट जायेंगे

बेंतों की तो मुझे परवाह नहीं है
लेकिन पिता और माँ से डरती हूँ
तुम्हें बहुत प्यार करती हूँ
उन्हें पता चल जायेगा

ज़ोंग्ज़ी, तुम्हारे पांव पड़ती हूँ

मत चढ़ो हमारे घर की दीवार पर
शहतूत के पेड़ टूट जायेंगे

शहतूतों की तो मुझे परवाह नहीं है
लेकिन मेरे भाइयों से डरती हूँ
तुम्हें बहुत प्यार करती हूँ
उन्हें पता चल जायेगा

ज़ोंग्ज़ी, तुम्हारे पांव पड़ती हूँ
मत घुसो हमारे बाग़ीचे में
एल्म के पेड़ टूट जायेंगे

एल्मों की तो मुझे परवाह नहीं है
लेकिन लोग तरह-तरह की बातें बनायेंगे
तुम्हें बहुत प्यार करती हूँ
उनकी बातों से डरती हूँ।

चीनी गीतमाला (11 ई.पू.—6 ई.पू.)

अपना देश

शू यूएन

स्वर्ग में भी नहीं
अच्छे लोग,
न नर्क, न स्वर्ग,
न उत्तर, दक्षिण,
न पूर्व, पश्चिम।

रहने के लिये
अपना देश ही सबसे अच्छा।

(340 ई.पू.—278 ई.पू.)

छाया, रूप और आत्मा का संवाद

ताओ यूएनमिंग

छाया से रूप कहता है—

पृथ्वी और आकाश अनन्त काल तक रहेंगे,
पर्वत और नदियाँ अजर अमर हैं,
वृक्षों, वनस्पतियों का जीवन
प्रकृति के नियमानुसार है कि वे ओस में बढ़ती हैं
और पाले से मर जाती हैं।
हालाँकि, मनुष्य बहुत बुद्धिमान है
लेकिन इनसे बराबरी का दिखावा नहीं कर सकता
वह संसार में आता है और मरने के बाद
कभी नहीं लौटता
मर कर गायब हो जाना एक सच्चाई है
क्या दोस्तों की स्मृतियाँ उसके नष्ट होने के साथ
नष्ट नहीं होंगी?
सोचकर मेरी आँखें रुआँसी हो जाती हैं
कि अमर होने की कोई उम्मीद नहीं है
इस मेरे कहे पर ध्यान दो
और मदिरा-पान का आनन्द लो।

रूप से छाया कहती है—

अमरता बिलकुल बकवास है
क्योंकि अभी तो दूभर है यह जीवन जीना
लेकिन इस संसार से दूर जहाँ तक जा सकूँ

यात्राएँ करूँगी स्वर्गिक पर्वतों की
जब तक मैं बँधी हूँ तुम्हारी नियति से
सुख-दुख में हम साथ हैं
अगर पेड़ के नीचे तुम आराम करते हो
तो मुझे तो तुम्हारा साथ देना है
जब तक कि हम एक-दूसरे से जुदा न हो जाएँ।
मृत्यु अचानक आकर हमारा होना मिटा देगी
सोचती हूँ तो बेचैन हो जाती हूँ
हमारे सत्कर्म ही हमारे प्रेम का प्रतिदान हैं
लोग कहते हैं मदिरा से भुलाए जा सकते हैं दुःख
लेकिन मृत्यु के आगे सब व्यर्थ है।

आत्मा कहती है—

सृष्टि का कोई एक रचयिता नहीं है
स्वयं संचालित होते हैं अनेक तत्व
मनुष्य, पृथ्वी और आकाश सब समान हैं
मैं तुमसे भिन्न हूँ पर किसी क्षण हम परस्पर निर्भर थे
तीन सम्राट और तीन ऋषि थे कभी
पर बताओ अब कहाँ हैं वे?
एक दूसरा ऋषि अमरत्व खोजता मर गया।
मदिरा ऋषि और मूर्ख में कोई भेद नहीं करती
विस्मृत हो जाते हैं सब
केवल बचते हैं सत्कर्म, पर नहीं बचते उनके प्रशंसक
सोचो मत, प्रकृति के नियमों पर छोड़ दो
सृष्टि में सब विलीन हो जाता है
जीवन का प्रेम और मृत्यु का भय
व्यर्थ है दुखी होना।
जब अंत आये तो चल दो।

(365 ई.—427 ई.)

कारावास में सिकाड़ा का गान सुनकर

लू पिनवांग

यह साल बीतने को है
सिकाड़ा गा रहे हैं
बंदी का दुख गहरा रहे हैं
उनके काले परों से निकलता गान
अबोध है पर मुझे व्याकुल करता है।

ओस में भीगे परों से वे उड़ नहीं पाते
और तेज़ हवाएँ उनके गान को
अनसुना कर देती हैं

उनके गान और मेरी कविता में
कुछ भी नहीं है समान
फिर भी कविता के दुख से
अधिक मार्मिक है उनका गान।

(640 ई.—684 ई.)

बुढ़ापा

वांग वेई

बुढ़ापे में विरत हो जाना चाहिए सबसे
इस दुनिया से बिलकुल निश्चिंत, निवृत्त

फ़िलहाल मेरी कोई दूरगामी योजना नहीं है
सिवाय इसके कि अपने उसी चिरपरिचित अरण्य में
गुज़ारूँ शेष जीवन

वहाँ चीड़ वनों की मस्त हवा में ढीला गुलूबंद लपेटे
चाँदनी में नहायी किसी टेकरी पर बजाऊँ युएछिन

तुम जीवन की सफलता, विफलता के बारे में
मुझसे जानना चाहते हो तो सुनो—
दूर नदी पर गाते मछुआरे का गीत बहता हुआ
किनारे तक आ रहा है।

(701 ई.—761 ई.)

चाँदनी रात में अकेले मदिरापान

ली पाए

फूलों के बीच मदिरा भरी सुराही है
आज कोई दोस्त नहीं जो दे मेरा साथ
अकेला बैठा पी रहा हूँ

जाम उठाता हूँ
चंद्रमा और अपनी छाया को साथ पीने की
देता हूँ दावत

अब हम तीन पियक्कड़ हैं
लेकिन चंद्रमा को तो पीना ही नहीं आता
और मेरी छाया सिर्फ़ नक़लची है मेरी

फिर भी ये दोनों मुझे संगत दे रहे हैं...
वसंत उत्सव है
मैं गाता हूँ पर चंद्रमा खामोश रहता है
मैं नाचता हूँ तो मेरी छाया भी थिरकती है...

जब तक मैं होशोहवास में होऊँगा
हम तीनों खूब मस्ती करेंगे
जब धुत्त हो जाऊँगा तो
सब अपनी अलग-अलग राह लेंगे।

(701 ई.—762 ई.)

रात की खामोशी में

ली पाए

मेरी शैया के पास एक प्रकाशपुंज है...
क्या फ़र्श पर बिखरा हिम-तुषार है यह?

गर्दन उठाता हूँ तो चंद्रमा दिखाई देता है
गर्दन झुकाता हूँ तो घर की याद आती है।

(701 ई.—762 ई.)

क्षितिज के पार ली पाए की याद में

तू फू

क्षितिज के पार सर्द हवाएँ उठती हैं
उनसे खुद को कैसे बचा पाओगे?

किस यात्री से पूछूँ तुम्हारी सलामती के बारे में?

इस लम्बी यात्रा में पतझर से वीरान हो चुकी है धरती
साहित्य और सौभाग्य की जन्मजात दुश्मनी है
और राक्षस खुश होते हैं हम मनुष्यों की मुश्किलें देखकर

अपनी एक कविता बहा दो मिलो नदी में
उस कवि के सम्मान में
जिसे मरना पड़ा उपेक्षा और घृणा के कारण।

(712 ई.—770 ई.)

(शू यूएन : 340—278 ने हुनान प्रान्त की मिलो नदी में डूबकर आत्महत्या की थी।)

वू महाशय से निवेदन

तू फू

आपके निवास के पश्चिम की तरफ़ बसी
पड़ोसिन को कृपया गिरे हुए खजूर बीन लेने दें
उस औरत के पास खाने को
नहीं है कुछ भी

वह बिलकुल अकेली है
यह उसकी मजबूरी है
वैसे उसे आपसे डरने की ज़रूरत नहीं है

आप यहाँ के मूल बाशिंदे भी नहीं हैं
लेकिन अच्छा होगा कि आप उसकी कुछ मदद करें
अच्छा होगा कि खजूरों को काँटेदार बाड़ से न घेरें

इन दिनों टैक्स की मार से
वह पहले ही बहुत सतायी हुई है
तिस पर युद्ध की विभीषिका ने
गरीबों का जीना दूभर कर दिया है।

(712 ई.—770 ई.)

अपने परिवार के लिये अंतिम कविता

पाए चुई

पिचहत्तर साल का हुआ
पचास हज़ार पैंशन है जीवनयापन के वास्ते
साथ-साथ पत्नी भी बुढ़ा रही है
भांजे भतीजे सब ही तो हैं आस-पास
स्वादिष्ट दलिया और बेहतरीन चावल हैं खाने को
बंडी में नयी पिनी रुई भर दी गयी है
ज़्यादा तो कोई ख़ास नहीं है
पर सौभाग्यशाली हूँ कि परिजन देखभाल करने को हैं

मेरे बिस्तर को खिड़की के पर्दे के पास सरका दिया गया है
नीला पर्दा जिसके सामने हीटर रखा है
जवान बावरचिन सूप बना रही है
और पोता मुझे पढ़कर सुना रहा है

दोस्त जो यदा-कदा कविताएँ भेजते हैं
उनके उत्तर में मैं भी उन्हें कविताएँ लिख भेजता हूँ
हाँ, कभी-कभी कुछ पोशाकें गिरवी रखकर दवाइयाँ खरीद लेता हूँ

जब ये जीवन के छोटे-मोटे काम पूरे हो जायेंगे।
तो सूरज की तरफ़ पीठ फेर कर सो जाऊँगा...

(772 ई.—846 ई.)

अपने दोस्त के लिये गर्मियों का तोहफ़ा

पाए चुई

सफ़ेद कमीज़
कोहरे जैसी झिलमिल झीनी
बादलों जैसी मुलायम पैंट

यह मत सोचना मेरे दोस्त
कि बहुत सस्ते तोहफ़े हैं ये
इन्हें पहनते रहना
थांगज़ो की गर्मी से बचने के लिये।

(772 ई.—846 ई.)

(थांगज़ो—सिंचुआन प्रान्त का एक शहर)

सपने

लू शुन

इस धुँधलके में कई सपने बेचैन करते हैं

एक सपना दूसरे सपने को निष्कासित कर देता है
और फिर किसी तीसरे सपने से खुद नष्ट हो जाता है

निष्कासित सपना स्याही जैसा काला होता है
और जो टिका रहता है वह भी कम काला नहीं होता

मानो दोनों कह रहे हों, ''हमें देखो, कितनी गहरी है हमारी रंगत।''
हो सकता है ये सपने बहुत अच्छे हों
लेकिन इस अंधियारी में यह कहना बहुत मुश्किल है।
अँधेरे में तो यह भी पता नहीं चलता कि उनमें से
कौन बोल रहा है?

अंधियारी गहराए जा रही है और तुम सिरदर्द
और बुखार में पड़े हो कि तुम कह नहीं सकते
''आओ, मेरे अच्छे सपनों, तनिक मेरे पास आओ...।''

(1881 ई.–1936 ई.)

लाल मोमबत्ती

वन इताऔ

लाल मोमबत्ती! सुर्ख़ लाल मोमबत्ती!!
कवि, तुम अपना दिल इसके सामने निकाल कर रख दो
तब देखें कौन इतना चटख़ लाल है?

लाल बत्ती, किसने बनाया तुम्हारा मोम
किसने संवारा तुम्हारा रूप?
किसने जलाया तुम्हें, तुम्हारी आत्मा को?
रोशनी से पहले क्यों पिघलता है तुम्हारा मोम?
शायद कुछ ख़ामी है तुममें, कुछ अन्तरविरोध
कुछ मुश्किलें!!

नहीं, नहीं, कोई ख़ामी नहीं है
प्रकृति का नियम है कि जलने पर ही रोशनी आती है
तुम बनी ही हो जलने के लिये
जलो, जलो, खूब जलती रहो
जब तक कि तुम्हारी लौ से नहीं जलने लगें हमारे सपने

क़ैदखानों से मुक्त करो पीड़ित आत्माओं को
खुद जलने से ही आती है रोशनी
खुद के आँसुओं में डूबने के बाद

जिस कारीगर ने तुम्हें बनाया है
बनाया है जलने के लिये
जब जल ही रही हो तो गर्म आँसू क्यों?
समझ सकता हूँ कि निर्मम हवाओं ने
तुम्हारी रोशनी से छेड़छाड़ की है
जब लौ काँपती है तो दर्द में तुम्हारे आँसू निकलते हैं

लाल मोमबत्ती!!
अनवरत जलती रहो, रोती रहो
ताकि मनुष्यों के भीतर जमा मोम पिघलने लगे
निर्बाध सुकून के फूल खिलें
खुशियों के फलों की बहार हो

लाल मोमबत्ती!!
हरेक आँसू तुम्हारे दिल को चीरता है
निराशा और आँसू भले ही तुम्हारी नियति हों
लेकिन नया जीवन रचना तुम्हारा मकसद है
लाल मोमबत्ती!!
कैसी भी फसल हो...मिट्टी गोड़ती रहो।

(1899 ई.—1946 ई.)

आँखें

कु छिंग

काली रात ने
मुझे दो काली आँखें दी हैं
जिनसे मैंने रोशनी
खोजने का काम लिया है।

(सांस्कृतिक क्रांति (1966 ई.—1976 ई.)
की निराशा से जन्मे धुँधवादी कवि)

औरत को पहाड़ चढ़ना चाहिए

मंग छियन

दिन कितनी जल्दी-जल्दी जाते हैं
सिर्फ़ पहाड़ और पहाड़ जैसे पुरुष याद आते हैं

धरती पर खड़ा है पहाड़
जैसे खड़ा हो कोई मर्द
कद काठी में कड़ियल और उदात्त
औरत को चढ़ना चाहिए पहाड़
तब वह पहाड़ से मर्द तक पहुँच पायेगी

जितनी कोमल होती है औरत
उतना ही अधिक प्यार करती है पहाड़ से
उसकी अडिगता से
जितनी सुंदर होती है वह
पहाड़ के कद्दावरपन से उतनी ही अधिक मोहित होती है

औरत को सिर्फ़ पहाड़ जैसा मर्द चाहिए
सिर्फ़ पहाड़ जैसा मर्द ही देश को समृद्ध कर सकता है
पहाड़ को जानना एक मर्द को जानना है
शायद इसीलिए एक मर्द को भी पहाड़ चढ़ना चाहिए।

(1942 ई.)

मुझे तुमसे प्यार है

शू थिंग

तट की बालू पर उकेरते हुए ये शब्द
किसकी आँखों में नहीं भर आये होंगे आँसू ?
कौन जिसने प्रेम किया और उम्मीद नहीं छोड़ी
कौन जिसने सतरंगे शंखों से घोषणा की
कि "मुझे तुमसे प्यार है"?
बाद में वहाँ से एक लड़की गुज़री
जिसने अपने लाल रूमाल से बँधे गुलदाऊदी के गुच्छे को
लिखावट के पास रख दिया

और इसी तरह
वहाँ से जब गुज़रते हैं लोग तो प्रेम की
रहस्यमयी उत्कंठा से व्याकुल हो जाते हैं।

(1952 ई.—1976 ई.)

बाँस

सू थिंग पो (सू शी)

जब मेरा दोस्त यूको बाँस का चित्र बनाता था
तो एकटक बाँस को ही देखता रहता था
मानो वह खुद हो ही नहीं

वह इस देहातीत अवस्था में
धीरे-धीरे एक बाँस में रूपांतरित हो जाता था
उस वक़्त उसका शरीर अक्षय सजीवता से भरा
एक बाँस होता था, और कुछ नहीं।

(1037 ई.—1101 ई.)

चीन का राष्ट्रगान

(वॉलन्टियरों का प्रयाण)

उठो, सब लोग जो गुलाम होने से इनकार करते हो

हमारे खून पसीने से हमें बनानी है एक नयी विशाल दीवार
चीनी राष्ट्र के सम्मुख बहुत बड़ा ख़तरा है
हरेक व्यक्ति द्वारा तुरन्त कर्म करने का आह्वान है

उठो! उठो! उठो!
करोड़ों देशवासियों, एकजुट होकर सामना करो शत्रु का
आगे बढ़ो!!

शत्रु का सामना करते हुए आगे बढ़ो,
आगे बढ़ो! आगे बढ़ो! आगे बढ़ो!

कुछ आलेख

पेइचिंग की प्राचीन बस्तियाँ

पेइचिंग के लोग पीढ़ियों से जिन हुतुंगों यानी चतुर्भुजाकार बस्तियों में रहते आये हैं, वे अब पुरा-वास्तुकला की आकर्षक मिसाल हैं। ख़ासतौर पर, इन हुतुंगों के वे पुराने मकान अत्यन्त ऐतिहासिक महत्त्व रखते हैं, जिनमें चीन की बड़ी-बड़ी हस्तियाँ रही हैं। पेइचिंग एक प्राचीन सांस्कृतिक केन्द्र होने के कारण चीन के इतिहास में रुचि रखने वालों को लुभाता रहा है। इसकी हुतुंगों में रहे विख्यात लोगों में माओ त्ज़ेतुंग, श्रीमती सुंग छिंग लिंग, महान लेखक लू शुन का नाम लिया जा सकता है। कई वृद्ध पेइचिंग निवासी आपको गर्व से बता सकते हैं कि उनके पड़ोस में कौन-कौन महापुरुष रहते थे। पेइचिंग नगरपालिका ऐसे महान निवासियों के प्रमुख बारह निवासों को संरक्षित कर रही है और कोई 19 निवासों को पहले से ही ज़िला प्रशासन का संरक्षण प्राप्त है। इन बारह निवासों में से दो में छी पाइशी और छंग यानछियू के परिवार रहा करते थे। छी पाइशी 1957 तक जीवित रहे। वे चीन के महान चित्रकारों में से एक थे। छंग यानछियू चौथे व पाँचवें दशक में पीकिंग ऑपेरा के सुविख्यात अभिनेता थे। अन्य निवासों में प्रमुख प्रशासनिक अधिकारी और चीन की कम्युनिस्ट पार्टी के नेता रहे हैं। अब ये सब मकान सरकार के अधिकार में हैं। इनमें माओ का तुंगछंग ज़िले का पहला निवास और श्रीमती सुंग का पेहाई पार्क का निवास शामिल हैं। चीन के प्रथम सांस्कृतिक मंत्री और प्रसिद्ध लेखक कुओ मोरो का पुराना मकान शीछंग ज़िले में स्थित है, जो श्रीमती सुंग के निवास से कुछ ही दूर होगा। विश्वविख्यात लेखक लू शुन के पेइचिंग निवास को 1956 में एक म्यूज़ियम का रूप दे दिया गया था। यह शीछंग ज़िले में फूछंगमन की सड़क पर स्थित है। अब तक इसे कोई

एक करोड़ लोग देख चुके हैं। लू शुन के जीवन को चित्रित करने के लिये एक प्रदर्शनी-कक्ष पर काफ़ी धन निवेश किया गया है। शेष कई निवासों में सम्पत्ति के अधिकारों का झमेला होने के कारण उनके संरक्षण में अड़चनें आ रही हैं। प्रख्यात लेखक लाओ शी के निवास को ही लीजिए जो फंगफू हुतुंग में स्थित है। यह पहले लाओ शी के संबंधियों के कब्ज़े में था। बहुत वर्षों बाद इसे सरकार के संरक्षण में लिया गया है।

एक जापानी संस्था द्वारा चंदा एकत्रित करके लाओ शी के संबंधियों को मुआवज़ा देकर उसे खाली करवाया गया है। अब लाओ शी इंस्टीट्यूट इसके रख-रखाव का काम अपने हाथों में लेगी। कुओ मोरो के स्मृति-भवन के लिये हर साल चार लाख यूएन चीनी समाज-विज्ञान अकादमी अनुदान देती है। लेकिन इस पर खर्च टिकटों से होती आमदनी का तीन गुना अधिक है।

दरअसल, पेइचिंग की इन प्राचीन हुतुंगों के रख-रखाव के संकट के अनेक दूसरे कारण भी हैं। शहर में निरन्तर गगनचुंबी इमारतें खड़ी होती जा रही हैं और कोई अचरज नहीं कि भारी-भरकम जेसीबी मशीनों के चलते ये ऐतिहासिक धरोहरें नष्ट हो जायें। शहर के तीव्रगामी विकास के बावजूद हुतुंगों और चतुर्भुजाकार बस्तियों की भूलभुलैया बरकरार रही हैं। विख्यात बाशिंदों के ये पुराने घर पेइचिंग की जीवन-गाथा के ज़रूरी अंग रहे हैं। ये वे घर हैं जहाँ इस शहर की धड़कन, इसकी आत्मा का निवास था। इनसे ही कभी बौद्धिक, रचनात्मक और राजनीतिक धाराओं के स्रोत फूटे थे। अपने इतिहास और संस्कृति के प्रति सही सोच ही विकास की उत्प्रेरक शक्ति होती है।

—जोंग्जी-तुम्हार

शू तुंगतुंग की कला

सुविख्यात चीनी चित्रकार शू तुंगतुंग की ख्याति चीनी पारम्परिक कला और पाश्चात्य कला संरचनाओं के अद्भुत सम्मिश्रण के कारण है। वैसे चीनी चित्रकला पाश्चात्य चित्रकला से संरचना, रंगविधान, अंतराल के प्रतिपादन तथा कला-सामग्री की प्रयोगशीलता में काफ़ी भिन्न है। लेकिन विश्व कला-इतिहास की वास्तविकता की विशिष्ट समझ चीनी चित्रकला में परिलक्षित होती है। शू तुंगतुंग प्राच्य और पाश्चात्य कला के तत्वों का अपूर्व संतुलन प्रस्तुत करते हैं। उनकी कला में चीनी और पाश्चात्य कला का सौंदर्यबोध और पूर्णता इतने संतुलित रूप में सृजित हुए हैं कि पूर्व और पश्चिम के परस्पर आदान-प्रदान की नयी संभावित स्थितियाँ आश्वस्ति प्रदान करती हैं। शायद इसी लक्ष्य को लेकर श्री शू अपने चित्रों के नये कैटलॉग को विश्व की कोई 500 कलादीर्घाओं में प्रदर्शित करने निकले हैं। इस कैटलॉग का नाम है, *शू तुंगतुंग का अंतरंग संसार* और इसे उनके विगत अनेक वर्षों के परिश्रम का सुफल माना जा सकता है। इस संकलन से प्रकृति और कला के बारे में उनके दृष्टिकोण का पता चलता है। 'प्रकृति को सदैव कला-गुरु समझना चाहिए—' शू इस सिद्धांत का सदैव पालन करते रहे हैं। उनके चित्र एक तीव्र चाक्षुष उत्तेजना देते हैं। शू की कूँची ने स्याही और रंगों के प्रयोग में पाश्चात्य तैल चित्रों जैसा प्रभाव पैदा किया है। वैसे हरेक श्रेष्ठ चित्रकार में खुद की कोई-न-कोई विरल विशेषता होती है। उदाहरण के लिये, 15वीं शताब्दी के चीनी चित्रकार वन ज़गमिंग के चित्र भव्य होते हुए भी लकदक नहीं दिखायी देते हैं। जबकि उन्हीं के समकालीन थंग ईन के चित्रों में रंगों का निर्बाध भावुकतापूर्ण निरूपण हुआ है। 16वीं-17वीं शताब्दियों के चित्रकारों—शू वई, खुन्न सन, जू ता तथा शी थाओ की कला में सुखवादी यानी यथार्थ की स्वच्छंदता के संकेत साफ़ हैं। शू तुंगतुंग

ने इन चित्रकारों से बहुत कुछ सीखा है। वे इनकी प्रशंसा करते हैं। वे एक कुंठाविहीन कलाकार हैं लेकिन सनकी कदापि नहीं। उन्होंने पेइचिंग पैलेस म्यूज़ियम में संग्रहीत प्राचीन विख्यात चित्रकारों के चित्रों की कॉपी करने में तीन वर्ष तक अथक परिश्रम किया। सभी कला-गुरुओं के गुणों को ग्रहण करते हुए शू बेहद रचनात्मकता से अपनी कूँची का इस्तेमाल करते हैं। नतीजतन, उनके चित्रों में प्राचीन चित्रों के सौंदर्य के साथ-साथ आधुनिक सौंदर्य की भी सृष्टि होती है। 1990 में संस्कृति मंत्रालय द्वारा आयोजित उनकी एकल प्रदर्शनी दस चीनी शहरों में दर्शकों के लिये विशेष आकर्षण का केन्द्र रही।

शू जानते हैं कि कला की खोज अनंत है। शायद इसीलिए वे कभी भी आत्मसंतुष्ट नज़र नहीं आये। पिछले पाँच वर्षों में प्रकृति का अध्ययन करने, उसे साक्षात् अपनी संवेदना का अंग बनाने के लिये वे भ्रमण करते रहे हैं और कोई दर्जन भर प्रान्तों, शहरों में भटकते हुए पहाड़ों, नदियों की सैर उन्होंने की है और स्कैच बनाये हैं। साथ ही, उन्होंने अपनी रचना-प्रक्रिया को समृद्ध बनाने के लिये पाश्चात्य कला की विभिन्न शैलियों का गहन अध्ययन किया है।

सबसे अच्छी दोस्त

ब्रिटेन के एक प्रमुख पर्यावरण संरक्षक संगठन, 'पृथ्वी के मित्र' द्वारा प्रकाशित पत्रिका, *पृथ्वी चिंता* के ताज़ा अंक में पढ़ा कि पृथ्वी पर साइकिल ही एकमात्र यातायात का भरोसेमंद साधन है। साइकिल चलाने का अर्थ है, एक शांत, स्वच्छ, हरे-भरे पर्यावरण की रक्षा करना। लेकिन श्रम बचाने की चिंता के इस समय ने साइकिल की पहचान धूमिल कर दी है और इसे पैदल चलने के समान हीन माना जाने लगा है। किन्तु पैदल चलने और साइकिल चलाने की क्रियाएँ आश्चर्यजनक रूप से कुछ समानता और परस्पर निर्भरता दर्शाती हैं। आगामी समय में दोनों का महत्त्व बढ़ेगा। साइकिल से या पैदल चलने से ईंधन की बचत होती है। *पृथ्वी चिंता* पत्रिका रेखांकित करती है कि साइकिल एक गैलन पेट्रोल के बराबर भोजन की ऊर्जा से लगभग पन्द्रह सौ मील तक प्रदूषण मुक्त यात्रा कर सकती है। शहरी क्षेत्रों के भीड़ भरे मोटर यातायात के कारण साइकिलों की सुविधाजनक घुसपैठ से एक घर से दूसरे घर तक का सफ़र आसान होता है। वे कम जगह घेरती हैं और दूसरे आवागमन के साधनों की बजाय प्रायः कम समय लेती हैं। साइकिलों से पेट्रोल की बचत तो होती ही है, साथ ही, इनसे सड़कों पर छह सौ से आठ सौ प्रतिशत अधिक मनुष्यों के आवागमन की गुंजाइश में वृद्धि होती है। इन्हें मोटरवाहनों की अपेक्षा बहुत कम जगह चाहिए। इनसे पार्किंग की समस्या का भी समाधान होता है। मोटर वाहनों का एक प्रतिशत यातायात यदि साइकिलों द्वारा पूरा किया जाए तो लगभग दो प्रतिशत प्रदूषण दूर होगा। प्रत्येक नयी कार एक वर्ष में सौ पौंड प्रदूषित गैस उत्सर्जित करती है। साइकिल सवार सदैव अपने काम पर चुस्त और तरोताज़ा हालत में पहुँचते हैं। वे यातायात के यातनापूर्ण जामों से भी बचे रहते हैं। *चुस्ती के लिये साइकिल* नामक पुस्तक के लेखक जान शूबर्ट

का तर्क है कि व्यायाम कॉफ़ी पीने के बजाय चुस्त रहने का बेहतर उपाय है।

शहर जितना जनाक्रांत होगा उतनी ही साइकिल की ज़रूरत महसूस होगी। किसी स्वास्थ्य क्लब में तीस मिनट या एक घंटा कसरत करने के बराबर है आधा घंटा साइकिल चलाना। समस्त विश्व में साइकिल ही एक अच्छे भविष्य की आशा दिखाई देती है। इसका साधारण-सा द्विचक्रीय रूप शहरों की रेलमपेल के लिये एक अपरिहार्य निदान है। साइकिल ही हमें एक आराम का तनावमुक्त जीवन प्रदान कर सकती है। यह सभी आयु-वर्गों के लिये एक खेल की तरह ऊर्जा-संरक्षण और पर्यावरण का वरदान साबित हुई है। कारों पर निर्भर संस्कृति और तथाकथित बेतहाशा भागमभाग वाली ज़िन्दगी ने हमारे पड़ोस की पहचान मिटा दी है। हमें पर्यावरण की चिंता से विमुख करते हुए मानसिक और आलसी शारीरिक बंधनों में जकड़ लिया है। अब हमें उन लोगों का कतई ख़याल नहीं रहता जो हमारे साथ रह रहे हैं, या जिनके साथ हम रह रहे हैं। सभी विकसित देशों में साइकिल पर निर्भरता बढ़ रही है। अकेले ब्रिटेन में ही हर वर्ष बीस लाख से ज़्यादा साइकिलें बिकती हैं। बच्चों और युवाओं के स्वस्थ विकास के लिये साइकिल एक टॉनिक है। कुछ भी कहें, साइकिल पर्यावरण के विनाश को रोकने के लिये हमारी पृथ्वी पर एक आनन्ददायक, स्वास्थ्यवर्धक और व्यावहारिक साधन है। यह हमारी सबसे अच्छी दोस्त है जो हमें उपहारस्वरूप चुस्ती और फुर्ती देती है।

चीनी नामकरण

एक चीनी भाषाशास्त्री हैं, श्रीमती ज़ांग शुएन। वे चीनी नामों के बारे में अनेक मज़ेदार कहानियाँ सुनाती हैं। इन कहानियों में एक-से नामों के चीनियों की मुसीबतों का दिलचस्प वर्णन होता है। एक कारखाने में सात कर्मचारियों का नाम ली हंग था। नतीजा यह होता था कि जब किसी एक ली हंग का फ़ोन आता तो सातों फ़ोन की तरफ़ लपकते। एक अस्पताल में भर्ती किसी बच्चे को ग़लत दवा दे दी गयी जो किसी दूसरे बच्चे के लिये लिखी गयी थी। पुलिस में शिकायत हुई तो पता चला कि एक-से नाम के दर्जनों बच्चे भर्ती हैं। श्रीमती ज़ांग शुएन दस वर्षों से चीनी नामों पर शोध कर रही हैं। 1991 में प्रकाशित 790 पृष्ठों के *चीनी नाम उपनाम शास्त्र* में श्रीमती ज़ांग ने चीनी नामों के लिपिगत दोहराव का विश्लेषण किया है। उनके अनुसार चीनी नामकरण में प्रमुखतः दस नामों का अधिक प्रचलन है। ये हैं : यिंग, हुआ, यू, श्यू, मिंग, ज़न, वन, फांग, लान और कुओ। इन दस में से भी पहले छह नाम चीनी जनसंख्या के नामों का दस प्रतिशत से भी अधिक होते हैं। श्रीमती ज़ांग और उनके सहयोगी शोधकर्ताओं ने रोचक आँकड़े जुटाए हैं। उनके अनुसार हान जाति के पचपन प्रतिशत लोगों के उन्नीस उपनाम एक जैसे हैं। ये हैं : ली, वांग, ज़ांग, ल्यू, छन, यांग, जाओ, हुआंग, जुओ, ऊ, शू, सुन, हू, जू, काओ, लिन, ही, कुओ और मा। जिन हान लोगों के उपनाम ली, वांग, ज़ांग हैं उनकी आबादी लगभग तीस करोड़ है। आमतौर पर चीनी लिपि में सात हज़ार चीनी अक्षर प्रयोग में लाये जाते हैं। इनमें से कोई 3913 अक्षर ही नामकरण में प्रयुक्त हुए हैं। श्रीमती ज़ांग कहती हैं कि विभिन्न सामाजिक घटनाओं, बदलावों का प्रभाव भी चीनी नामकरण पर पड़ा है। चीनी अक्षर हुंग को ही लें। इसका अर्थ होता है लाल। 1949 में चीनी लोक-गणराज्य की स्थापना से पहले 'हुंग' नाम का स्थान चीनी लोकप्रिय नामों की कतार

में 164वाँ था। 1949 में गणराज्य बनने के बाद यह नाम 45वें स्थान पर आ गया। 1966-76 की सांस्कृतिक क्रांति के दौर में 'हुंग' की लोकप्रियता पहले स्थान पर थी, लेकिन सांस्कृतिक क्रांति के बाद यह छठे स्थान पर आ गया। इसी प्रकार 'चुन' नाम है जिसका अर्थ होता है 'सेना'। 1949 से पहले पैदा हुए लोगों में इस नाम का प्रचलन 253वें स्थान पर था लेकिन 1949 के बाद यह 41वें स्थान पर आ गया। सांस्कृतिक क्रांति के दौर में यह तीसरे स्थान पर था। लेकिन 1976 में यानी क्रांति के बाद यह नीचे सरक कर 7वें नम्बर पर आ गया। 1949 से पहले पैदा होने वाले बच्चों का मात्र एक चीनी अक्षर के नामकरण की संख्या ग्यारह प्रतिशत थी। लेकिन सांस्कृतिक क्रांति के दौरान पचास प्रतिशत बच्चों के नामकरण में एकल चीनी अक्षर का रिवाज़ था। श्रीमती ज़ांग इस एकल अक्षर के रिवाज़ के अभी तक जारी रहने से चिंतित होती हैं। एक स्थानीय सर्वे से पता चला है कि सिर्फ़ शेन्यांग शहर में ही वांग वेई और ली चिए नामों के 3,000 लोग मौजूद हैं। पेइचिंग में 1969 में जन्मे बच्चों में से 129 बच्चे ल्यू उपनाम के थे और उनका नाम वेई था।

चीन में एक से नामों का प्रचलन बढ़ता जा रहा है। विगत वर्षों में आठवीं राष्ट्रीय कांग्रेस के राजनीतिक सलाहकार वरिष्ठ नर्तक जांग छिंग कहते हैं कि चीनी नामकरण के बारे में कानून बनना चाहिए। लोग चाहते हैं कि नामकरण कम-से-कम दो अक्षरों का हो। फ़िलहाल, भाषाशास्त्री चीनी नामों को विविध बनाने के लिये सिर खपा रहे हैं। श्रीमती ज़ांग ने एक *नाम कोश* बनाया है। उनके इस कोश में लगभग पाँच हज़ार चीनी अक्षर हैं जिनसे नामकरण किया जा सकता है।

रेडियो के हिन्दी विभाग में साथियों के नामों के अर्थ

सुन पाओ कांग	—	हीरा	ल्यू हुवे	—	सहृदय
लो फू ईन	—	प्रसन्नचित्त	चाओ वी हुवा	—	सुन्दर फूल
हान छाओ च्वीन	—	तीक्ष्ण बुद्धि	ह्वांग सन	—	विनम्र
सुन कुए ईन	—	सुन्दर	वांग चिन फंग	—	सुनहरा पर्वत
हाओ सू मिन	—	सुशील	हू वो मिन	—	चतुर
छन श्यूए पीन	—	शालीन	चू इंग	—	बाज
मू सिआओ लीन	—	प्रभात			

❑❑❑